初級文法がしっかり身につく！

オール
カラー

基礎から学べる

はじめての
中国語文法

南雲大悟　著

音声ダウンロード＆
QRコード付き

ナツメ社

はじめに

　本書はタイトルに「文法」と添えられています。外国語を学ぶときにこの「文法」という言葉を目にすると学校の授業やテストを思い出し、敬遠したくなる方がいらっしゃるかもしれません。しかし、文法は外国語学習にとって重要な学びの軸と言えます。文型や文の構造を理解していなければ、文章の意味をとり違えたり、話したい内容が十分に伝わらなかったりすることもあります。

　その一方で、私たちは日本語を話すとき、文法を意識しなくても自然に言葉が口をついて出てきます。外国語を学ぶうえで、母語同様に「文法を意識せずに（外国語を）話せる」──このレベルが文法学習の先にある最高到達点と考えます。

　本書は先行する姉妹書『基礎からレッスン はじめての中国語』（ナツメ社）における「平易な解説、イラスト入りオールカラー」などの特長はそのままに、カバーする文法項目の範囲を広げ、学習のさらなる充実を図った入門・初級者向けの参考書です。ゼロから中国語を学

び始める方はもちろん、また改めて中国語の文法を学び直したいという方に、本書を基礎固めのお供としてご活用いただければ幸いです。

　各課の解説を読み、例文はネイティブのすてきな音声を参考にしっかりと音読してください。その後、すぐに練習問題に取り組み、知識の定着を確認しましょう。これを何度もくり返すうちに「苦手な文法／定着した文法」がご自身の中で整理されます。学習の効果を実感しながら楽しく学んで、最終的には本書で取り扱う文法項目すべてについて、「何も意識せずに中国語が口をついて出る…」そんな境地をめざしていきましょう。

　最後になりましたが、ナツメ出版企画株式会社の梅津愛美様、株式会社キャデックの四方川めぐみ様には企画段階から多岐に渡り大変お世話になりました。この場を借りて改めて御礼申し上げます。

南雲大悟

本書の特長と使い方

本書は、中国語検定4級レベルを中心に、初級の中国語文法を無理なく学べるように構成してあります。

この課で学ぶ構文。中国語の例文には逐語訳をつけています。

イラストを見ながら、構文を楽しく覚えてください。

学んだ構文を使って、表現できる例文です。

第 **1** 課

♪10

～は…である "是"
～は…ではない "不是"

中国語の動詞 "是" は "A是B" という語順で「A（主語）はB（目的語）である」という意味を表します。否定形には "是" の前に "不" をつけて、"A不是B" と表現し、「AはBではない」という意味になります。

"是" の肯定形

ウォ Wǒ	シー shì	リーベンレン Rìběnrén.
我	是	日本人。
私	である	日本人

私は日本人です。

語順だけみると、英語のbe動詞と同じです。このほか、動詞の文は「A（主語）＋動詞＋B（目的語）」というのが基本の語順です（⇒Step 2第6課、P.40）。

「A=B」と断定するいい方だよ！

［ 例文 ］

彼女は北京出身の人です。

ター Tā	シー shì	ベイジンレン Běijīngrén.
她	是	北京人。
彼女	である	北京出身の人

彼は会社員ではありません。

ター Tā	ブシー bú shì	ゴンスーヂーユエン gōngsī zhíyuán.
他	不 是	公司职员。
彼	ではない	会社員

30

Step 1 中国語のきほんと発音

Step 2 さいしょの文法

Step 3 おさえておきたい文法

Step 4 一歩すすんだ文法

ドラゴンのひと言
アドバイスつき！

復習問題

本文8課程度あたりに、ひと見開きの復習問題を掲載。習った内容をふり返りながら学習が進められます。

"是"の否定形、"不是"

"不"のもともとの声調は〈bù〉と第四声です。ただし、"不"のあとに第四声が続く場合、第二声に変調します（⇒Step 1第7課、P.22）。

例 **"不是"** bù shì → bú shì
第四声　　第二声

人称代名詞

単数				
私	あなた	あなた（丁寧）	彼	彼女
ウオ wǒ	ニィ nǐ	ニン nín	タァ tā	タァ tā
我	你	您	他	她

複数			
私たち	あなたたち	彼ら	彼女たち
ウオメン wǒmen	ニィメン nǐmen	タァメン tāmen	タァメン tāmen
我们	你们	他们	她们

練習

1 作文してみましょう。

❶ 私は学生（学生）ではありません。　＿＿＿＿＿

❷ 私です。　＿＿＿＿＿

《 解答 》

1　❶ 我不是学生。"A不是B"という否定形です。
　　❷ 是我。主語が省略された応用的な表現です。"我是"だと「私は…」という意味になります。

31

Step 2 さいしょの文法

QRコードから、スマートフォンなどで音声を聞くことができます。
QRコードの下には、トラック番号を表示しています。

構文や例文と一緒に覚えたい単語も掲載しています。

すべての課に、復習のための練習問題がついています。

🎤 音声のダウンロードについて

各ページのQRコードから音声ファイルを聞くほか、ナツメ社ウェブサイト書籍紹介ページのダウンロードボタンからzipファイルのダウンロードも可能です。

https://www.natsume.co.jp/books/15289

音声ファイルはmp3ファイルです。パソコンやmp3対応の音楽プレーヤーにて再生してください。

名前の言い方、聞き方

巻末付録
きほんのフレーズ

「名前の言い方、聞き方」や「数字の言い方」などの基本的なフレーズを紹介しています。

5

もくじ

Step 1 / 中国語のきほんと発音

Step 2 / さいしょの文法

Step 3 おさえておきたい文法

Step 4 　一歩すすんだ文法

巻末付録　きほんのフレーズ

中国語の
きほんと発音

中国語について

🌸 中国の共通語「普通话（普通話）」

　中国は広大な国土（約960万平方キロメートル、日本の約25倍の面積）を有し、また漢民族と55の少数民族からなる多民族国家です。そのため、各地域の方言や少数民族の言語が多く存在しています。

　中国の7大方言は、①北方（北京語など）、②呉（上海語）、③粤（広東語）、④閩（閩南語など）、⑤湘（湘語）、⑥客家（客家語）、⑦贛（江西語）です。これらは同じ中国語ではありますが、異なる地域の2人がそれぞれの方言で話せば、会話を成立させることは難しいのです。

　そのため、正式な中国の共通語として定められたのが「普通话（普通話）」です。「普通话」の発音は北京語を標準とし、語彙は北方語、文法は口語的な文体で書かれた現代文を規範としています。本書で学ぶ「中国語」も、この「普通话」のことを指します。

🌸 中国の漢字「簡体字」

　ここで、以下の2つの中国語の意味を当ててみてください。

①老婆　　②专业

　①は日本語では「年をとった女性」ですが、中国語では「女房、妻」という意味で、同じ漢字でも違う意味を表す単語があります。そして、②は日本の漢字で書くと「専業」で、「専攻、専門」という意味です。現代の中国では昔からの漢字（繁体字）を簡略化した漢字「簡体字」が使われています。

🌸 発音記号「ピンイン（拼音）」

　日本では漢字に読み仮名を書く場合、ひらがなやカタカナを使いますが、中国ではその発音を中国式のローマ字表記「ピンイン（拼音）」で表します。

例　　ヂォングゥオ
　　Zhōngguó ← これがピンイン
　　中国

　中国語の発音を身につけるには、このピンインを理解し、正しく発音することがカギになります。ピンインの読み方は日本語のローマ字表記とも英語とも違うので、実際の中国語の発音を確認してマスターしていきましょう。

　本書では正しい発音のヒントとしてカタカナを併記していますが、最終的にはピンインを正確に音読できるよう、そして、漢字だけ見ても正しい中国語の発音が復元できるよう、声を出しながら学んでみてください。

🌸 中国語の音節

　中国語は漢字1文字につき、一つの音節が基本であり、その音節はそれぞれ子音と母音の構造から成り立ちます。以下の3つはいずれも一音節です。

例　　子音 ＋ 母音

西　x　i　　　　シィ
下　x　i　a　　　シア
小　x　i　a　o　シアオ

　子音は音節の冒頭に置き、一般的に単独で音節にはなりません。母音は子音のあとにつきますが、頭に子音がつかない場合でも単独で音節になります。

　「音節」とは、ひとまとまりに感じられる
　音のかたまりのことだよ。

13

🎤02

声調
せい ちょう

🌸「音の調子」を表す声調
せい ちょう

　中国語の発音には、一つの音節ごとに高低や抑揚が変化する「音の調子」があり、これを「声調」と呼びます。ピンインのアルファベット表記は同じでも、声調が違うと単語の意味が変わるのでしっかりマスターしましょう。

　ピンインで声調を表す場合、母音の上に声調記号をつけます。

例 ハオ

声調記号

hǎo　好（よい）

子音　母音

🌸声調の４つの分類「四声」
し せい

　声調には「四声」と呼ばれる４つの基本分類があります。ここでは母音「a」を使って説明します。日本語の「あ」よりも口をさらに大きく開けるイメージで発音してみましょう。

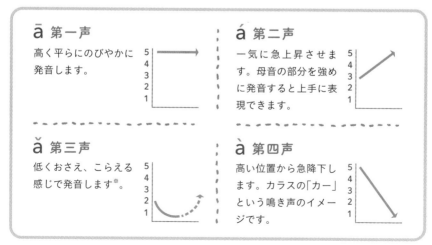

ā 第一声
高く平らにのびやかに発音します。

á 第二声
一気に急上昇させます。母音の部分を強めに発音すると上手に表現できます。

ǎ 第三声
低くおさえ、こらえる感じで発音します※。

à 第四声
高い位置から急降下します。カラスの「カー」という鳴き声のイメージです。

※ただし第三声を単独で発音したり強調したりする場合、最後に上昇することがある。

単母音

🌸 基本の母音は6つの単母音と「er」

　日本語の「あいうえお」に相当する基本の母音です。6つの単母音と「er」という特殊な「そり舌母音」を含みます。

アァ **a**	日本語の「あ」をしっかり口を縦に大きく開けるイメージで発音します。
オォ **o**	日本語の「お」より唇を前にすぼめて突き出すイメージで発音します。
ウァ **e**	口をリラックスさせて左右に開き、喉の奥で「うぁ」と言うイメージで発音します。
イィ **i (yi)**	日本語の「い」より口をしっかり横に引くイメージで発音します。
ウゥ **u (wu)**	日本語の「う」より口を丸めて前に突き出すイメージで発音します。
ユィ **ü (yu)**	日本語の「い」と「ゆ」の間のような発音です。口を前に突き出したまま「い」というイメージで発音します。 ※ "ü" の表記は「ユーウムラウト」という。
アル **er**	単母音「e」を日本語の「あ」に近いあいまいな母音で発音すると同時に舌先をそり上げます。

※「i・u・ü」は、前に子音がつかない場合（　）のように表記する。

🎤 04

子音

‖‖‖

🌸 6つのグループに分けられる子音

　中国語の**子音は全部で21種類**あり、息の出し方や舌の位置など発音の仕方によって、6つのグループに分けられます。

❶ 唇音（しんおん）：唇を使うことがポイントになる発音グループ
❷ 舌尖音（ぜっせんおん）：舌先を上の歯の裏につけてから発音するグループ
❸ 舌根音（ぜっこんおん）：舌の根元が奥に寄り、喉の奥のほうから発音するグループ
❹ 舌面音（ぜつめんおん）：舌を平らにした表面で発音するグループ
❺ そり舌音（じたおん）：舌先をそり上げて発音するグループ
❻ 舌歯音（ぜっしおん）：舌先を下の歯の裏につけてから発音するグループ

　グループごとの発音の前に、これらのグループに含まれる対立のペア「無気音（むきおん）・有気音（ゆうきおん）」についておさえておきましょう。「無気音」と「有気音」は息を強く出すか、抑えるかで区別します。

例 唇音の中にある対立のペア「bとp」

「無気音」 bo

息を抑えて発音します。

「有気音」 po

強い息を伴って発音します。空気が破裂する音が聞こえるイメージで。

※「ボ」と「ポ」のような濁音、半濁音、清音の違いで区別するものではない。

①唇を使う「唇音」

※ここでは単母音「o」を補って発音します。

	無気音	有気音		
	ボォ	ボォ	モォ	フォ
	b(o)	p(o)	m(o)	f(o)

〈発音のしかた〉

b(o)：息を抑えて日本語の「バ行」を言うイメージで発音します。

p(o)：強い息を伴って日本語の「パ行」を言うイメージで発音します。

m(o)：唇をしっかり閉じてから日本語の「マ行」を言うイメージで発音します。

f(o)：上の前歯で下唇を噛み、息がもれる感じで発音するイメージです。

例

ボォブゥ
pòbù
破布 古い布切れ

ビィモォ
bǐmò
笔墨 文字や文

ピィファア
pīfā
批发 卸売りする

②舌先を上の歯の裏につける「舌尖音」

※ここでは単母音「e」を補って発音します。

	無気音	有気音		
	ドァ	トァ	ヌァ	ルァ
	d(e)	t(e)	n(e)	l(e)

〈発音のしかた〉

d(e)：息を抑えて日本語の「ダ行」を言うイメージで発音します。

t(e)：強い息を伴って日本語の「タ行」を言うイメージで発音します。

n(e)：日本語の「ナ行」を言うイメージで発音します。

l(e)：日本語の「ラ行」を言うイメージで発音します。

例

ドァティ
détǐ
得体 適切である

リィティ
lìtí
例题 例題

ナァティエ
nátiě
拿铁 カフェラテ

③舌の根元が奥に寄る「舌根音」

※ここでは単母音「e」を補って発音します。

無気音	有気音	
グァ	クァ	ホァ
g(e)	k(e)	h(e)

〈発音のしかた〉

g(e)：息を抑えて日本語の「ガ行」を言うイメージで発音します。

k(e)：強い息を伴って日本語の「カ行」を言うイメージで発音します。

h(e)：舌を下げて、のどの奥から息を摩擦させて日本語の「ハ行」を言うイメージで発音します。

例

クゥグワ
kǔguā
苦瓜　ニガウリ

グゥクァ
gǔké
谷壳　もみ殻

ホァカァ
hèkǎ
贺卡　グリーティングカード

④舌を平らにした表面で発する「舌面音」

※ここでは単母音「i」を補って発音します。

無気音	有気音	
ジィ	チィ	シィ
j(i)	q(i)	x(i)

〈発音のしかた〉

j(i)：息を抑えて日本語の「ヂ」を言うイメージで発音します。

q(i)：強い息を伴って日本語の「チ」を言うイメージで発音します。

x(i)：日本語の「シ」を言うイメージで発音します。

例

チィジィ
qíjì
奇迹　奇跡

ジィシュィ
jìxù
继续　継続する

シィチュィ
xìqǔ
戏曲　中国の伝統演劇

⑤舌先をそり上げる「そり舌音」

※ここで補う母音「i」は舌をそり上げる影響で、少しこもった発音になります。

	無気音	有気音		
	ヂー	チー	シー	リー
	zh(i)	ch(i)	sh(i)	r(i)

〈発音のしかた〉

zh(i)：舌先を上の歯ぐきの裏につけ、息を抑えて「ヂ」を言うイメージです。

ch(i)：舌先を上の歯ぐきの裏につけ、強い息を伴って「チ」を言うイメージです。

sh(i)：舌先をそり上げても、口の中のどこにもつけずに、息を摩擦させながら「シ」を言うイメージです。

r(i)：舌先をそり上げても、口の中のどこにもつけず、少し濁り気味の「リ」を言うイメージです。

例

ヂーチュウ
zhǐchū
指出　指摘する

チャアシー
cháshí
查实　究明する

シュウロゥ
shūrù
输入　入力する

⑥舌先を下の歯の裏につける「舌歯音」

※ここで補う母音「i」は唇を左右に引いて、日本語の「う」のような発音になります。

	無気音	有気音	
	ズー	ツー	スー
	z(i)	c(i)	s(i)

〈発音のしかた〉

z(i)：口を軽く横に引いて、息を抑えて「ズ」を言うイメージで発音します。

c(i)：口を軽く横に引いて、強い息を伴って「ツ」を言うイメージで発音します。

s(i)：口を軽く横に引いて、「ス」を言うイメージで発音します。

例

ツーヅゥ
cízǔ
词组　連語

スーツー
sīzì
私自　密かに

ツァスゥ
cèsù
测速　スピード測定

複母音

🌸 3つのグループに分けられる「複母音（ふくぼいん）」

　2つ以上の単母音を組み合わせた「複母音」は全部で**13**個あります。単母音2つの組み合わせを「二重母音（にじゅうぼいん）」、3つの組み合わせを「三重母音（さんじゅうぼいん）」といいますが、それぞれ一つの音節として、切れ目がないように、なめらかにつなげて発音します。また、単母音のときとは実際の発音が変わるものもあるので、ピンイン表記にも注意しながら確認しましょう。複母音は、母音の組み合わせによって、以下の3つのグループに分けられます。

二重母音①
最初に口を大きく開けて発音するグループ。

アイ **ai**	エイ **ei**	アオ **ao**	オウ **ou**

※eiの「e」は日本語の「え」に近い発音になる。

二重母音②
最初に口の開け方が小さく、後ろのほうが口を大きく開けるグループ。

ヤァ **ia** **(ya)**	イエ **ie** **(ye)**	ワァ **ua** **(wa)**	ウオ **uo** **(wo)**	ユエ **üe** **(yue)**

※ieとüeの「e」は日本語の「え」に近い発音になる。
※前に子音がつかず、母音単独の場合は（　）内のように表記する。

三重母音
単母音3つの組み合わせからなるグループ。

ヤオ **iao** **(yao)**	ヨウ **iou** **(you)**	ワイ **uai** **(wai)**	ウェイ **uei** **(wei)**

※ueiの「e」は日本語の「え」に近い発音になる。
※前に子音がつかず、母音単独の場合は（　）内のように表記する。

🎤06

鼻母音

🌼 nやngを伴う母音「鼻母音」

単母音や複母音の末尾に「n」や「ng」を伴う「**鼻母音**」は全部で**16**個あります。最後に「n」や「ng」がつくことで、その前にある母音の発音が単母音のときと大きく変わるものがあるので注意しましょう。

-n と -ng の区別

-n 　　発音するとき、舌先が上の歯の裏につきます。

-ng 　発音するとき、舌先はどこにもつかず舌の根元を奥に引き寄せます。また、音を鼻によく響かせます。

アン **an**	エン **en**	イン **in (yin)**	イエン **ian (yan)**

※enの「e」は日本語の「え」に近い音になる。
※ianの「a」は日本語の「え」に近い音になる。
※前に子音がつかず、母音単独の場合は（　）内のように表記する。

アァン **ang**	エゥン **eng**	イィン **ing (ying)**	ヤン **iang (yang)**
ワン **uan (wan)**	ウェン **uen (wen)**	ワァン **uang (wang)**	ウォン **ueng (weng)**

※uenの「e」は日本語の「え」に近い音になる。
※前に子音がつかず、母音単独の場合は（　）内のように表記する。

ユエン **üan (yuan)**	ュィン **ün (yun)**	-ォン **ong**	ヨン **iong (yong)**

※ongは単独では発音せず、必ず前に子音がつく。
※前に子音がつかず、母音単独の場合は（　）内のように表記する。

「鼻母音」とは、鼻にも音が抜ける母音のことだよ。

🎤07

変調とル化（アール化）

🌸 組み合わせで声調が変わる「変調^{へん ちょう}」

中国語は声調の組み合わせで、前の発音の声調が変化します。これを「変調^{へん}」といいます。以下、3つの変調についておさえておきましょう。

① **第三声の変調**　第三声が連続するとき、前の第三声は**第二声**に変化します。

> **例**　ニィハオ
> nǐ hǎo → ní hǎo
> **你好**　こんにちは

※声調記号自体は第三声のまま表記する。

②**"不"の変調**　"不"（bù）はもともと第四声ですが、後ろに第四声が続くとき**第二声**に変化します。

> **例**　ブゥツォ
> bú cuò
> **不错**　わるくない、なかなかよい

③**"一"の変調**　"一"（yī）はもともと第一声ですが、以下の場合に変調します。

・後ろに第一声、第二声、第三声がきたとき、**第四声**に変化します。

> **例**　イィシエ　　　　　イィヂー　　　　　　イィジュィ
> yìxiē　　　　　yìzhí　　　　　　yìjǔ
> **一些**　少し　　**一直**　まっすぐ　　**一挙**　一挙に

・後ろに第四声がきたとき、**第二声**に変化します。

> **例**　イィバン　　　　　イィシアン
> yíbàn　　　　　yíxiàng
> **一半**　半分　　**一向**　今までずっと

・序数（モノの順番）を表すときや後に何も続かないときは、**第一声のままで**変化しません。

> **例**　イィユエ　　　　　ワンイィ
> yīyuè　　　　　wànyī
> **一月**　1月　　**万一**　万が一

🌸 隔音符号

<ruby>隔<rt>かく</rt></ruby><ruby>音<rt>おん</rt></ruby><ruby>符<rt>ふ</rt></ruby><ruby>号<rt>ごう</rt></ruby>

単語で後ろの音節が「a、o、e」ではじまる場合、その切れ目を示すために隔音符号「'」を使います。

例

ニュィアル	ジンゥァ
nǚ'ér	jīn'é

女儿 娘　　**金额** 金額

🌸 儿化（アール化）

音節の末尾に"儿"（r）をつけて、舌をそらせて発音します。"儿"をつけることで、①品詞や単語の意味を区別したり、②「小さい」「かわいい」などのニュアンスを含んだりすることがあります。

「儿化（アール化）」は、中国北部のほうでよく使われる発音だよ。英語のRの音よりも、もっとモゴモゴとこもった音なんだ。

例

グァール	ホアァール
gēr	huàr

歌儿 歌　　**画儿** 絵

※"儿"をつけないhuà（画）には「絵」のほか、「（絵を）描く」という動詞の意味がある。

ピンインの末尾が-i 、-nのとき、iやnの音は脱落して発音しません。

例

シアオハァル	ワァール
xiǎoháir	wánr

小孩儿 子ども　　**玩儿** 遊ぶ

※ピンイン表記は「i、n」をそのまま残す。

ピンインの末尾が-ngのとき、ngの前の母音が鼻音化します。

例

ディエンィァル	コォール
diànyǐngr	kòngr

电影儿 映画　　**空儿** すきま、空いている時間

🎤08

軽声と声調の組み合わせ
けい せい

🌸 軽く発音する軽声
けい せい

　声調には四声のほかに、軽く発音する「軽声」があります。この軽声には声
けいせい
調記号をつけません。軽声の発音は、前にある音節の声調によって、その高低
の位置が変わります。

　第一声、第二声、第四声の後では、軽声は前の声調の終わりより少し低い位
置で短く発音します。第三声の後では、軽声は低く抑えた第三声の終わりより
少し高い位置で短く発音します。

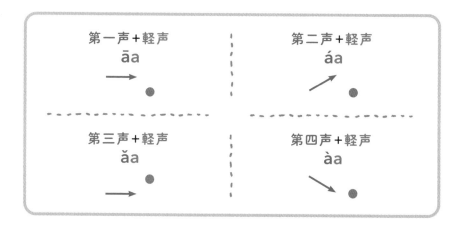

第一声＋軽声
āa

第二声＋軽声
áa

第三声＋軽声
ǎa

第四声＋軽声
àa

中国語の発音は音の高低が
あるので、「美しい音楽のようだ」
と言われるんだよ。

🌸 声調の組み合わせ

　それぞれの正しい声調と音節どうしのつながりを意識しながら発音してみましょう。「第三声＋第三声」の場合は、前の音節が第二声に変化（変調）して、「第二声＋第三声」で発音するので注意してください（⇒Step 1第7課、P.22）。

第三声＋第三声　　変調　　第二声＋第三声
ǎ ＋ ǎ　⇒　á ＋ ǎ

2音節の声調の組み合わせ（全20パターン）

	第一声	第二声	第三声	第四声	軽声
第一声	ā ＋ ā フェイジィ fēijī 飞机 飛行機	ā ＋ á イィングゥオ Yīngguó 英国 イギリス	ā ＋ ǎ ツァオチャアン cāochǎng 操场 運動場	ā ＋ à シィワァン xīwàng 希望 希望	ā ＋ a グァーグァ gēge 哥哥 兄
第二声	á ＋ ā マオイィ máoyī 毛衣 セーター	á ＋ á ホォンチャア hóngchá 红茶 紅茶	á ＋ ǎ ツーディエン cídiǎn 词典 辞書	á ＋ à シュエシアオ xuéxiào 学校 学校	á ＋ a プゥタオ pútao 葡萄 ブドウ
第三声	ǎ ＋ ā ショウジィ shǒujī 手机 携帯電話	ǎ ＋ á ワァンチウ wǎngqiú 网球 テニス	ǎ ＋ ǎ ユィファア yǔfǎ 语法 文法	ǎ ＋ à リィウゥ lǐwù 礼物 プレゼント	ǎ ＋ a イィヅ yǐzi 椅子 椅子
第四声	à ＋ ā シアティエン xiàtiān 夏天 夏	à ＋ á シィンフゥ xìngfú 幸福 幸福	à ＋ ǎ ハオマァ hàomǎ 号码 番号	à ＋ à インドゥ Yìndù 印度 インド	à ＋ a ディーディ dìdi 弟弟 弟

第1課〜第8課 復習問題

1 ピンインの特徴として正しいものを【 】内から選んでください。

① mǎ
   マァ
   →【複母音　第三声】

② xiān
   シェン
   →【有気音　鼻母音】

③ ruì
   ロゥイ
   →【そり舌音　儿化】

④ jū
   ジュイ
   →【舌歯音　第一声】

2 次の"一"と"不"が第何声で発音されるか、後ろに続くピンインなどをヒントに（　）内から正しいものをひとつ選んでください。

① 不买（買わない）　　（bú　bù）mǎi
   　　　　　　　　　　　 ブゥ　ブゥ　マイ

② 不卖（売らない）　　（bú　bù）mài
   　　　　　　　　　　　 ブゥ　ブゥ　マイ

③ 一般（普通である）　（yī　yí　yì）bān
   　　　　　　　　　　　 イィ イィ イィ　バン

④ 第一课（第1課）　　dì（yī　yí　yì）kè
   　　　　　　　　　 ディ イィ イィ イィ　クァ

3 （　）内の声調の組み合わせに従って、声調記号を書いてください。

① 书法「書道」（第一声＋第三声）　shu fa
   　　　　　　　　　　　　　　　　　シュウ ファア

② 博客「ブログ」（第二声＋第四声）　bo ke
   　　　　　　　　　　　　　　　　　ボォ クァ

③ 大妈「おばさん」（第四声＋第一声）da ma
   　　　　　　　　　　　　　　　　　ダァ マァ

④ 蘑菇「きのこ」（第二声＋軽声）　mo gu
   　　　　　　　　　　　　　　　　モォ グ

《 解答 》

1 ❶ マァ
    mǎ → 第三声
    「a」は単母音です。

  ❷ シエン
    xiān → 鼻母音
    子音「x」は有気音ではありません。音節の末尾に「n」があるので鼻母音です。

  ❸ ロゥイ
    ruì → そり舌音
    子音「r」はそり舌音です。儿化の「r」は音節の末尾につきます。

  ❹ ジュィ
    jū → 第一声
    子音「j」は舌歯音ではなく舌面音です。

2 ❶ ブゥ マイ
    (bù) mǎi
    "不"（bù）はもともと第四声。後ろに第一声、第二声、第三声が続く場合、第四声
    のままで発音します。

  ❷ ブゥ マイ
    (bú) mài
    "不"（bù）は後ろに第四声が続く場合は、第二声に変化します。

  ❸ イィ バン
    (yì) bān
    "一"（yī）は後ろに第一声、第二声、第三声がくる場合、第四声に変化します。

  ❹ ディ イィ クァ
    dì (yī) kè
    「第一课」（第1課）の"一"はモノの順番を表す「序数」なので、第一声のままで変
    調しません。

3 ❶ シュウファア ❷ ボォ クァ ❸ ダァ マァ ❹ モォ グ
    shū fǎ   bó kè   dà mā   mó gu
    それぞれ単母音の上に第一声（ˉ）、第二声（ˊ）、第三声（ˇ）、第四声（ˋ）の声
    調記号を書きます。第二声は「左下から右上に」、第四声は「左上から右下に」のよ
    うに高低の抑揚をイメージして書いてみましょう。軽声（gu）には声調記号をつけ
    ません。

中国語は発音がとても大事だよ。
しっかり練習しよう！

27

あいさつ

🎤09

いずれもよく使うあいさつ表現です。場面ごとに使いこなしましょう！

こんにちは！
ニィ ハオ
Nǐ hǎo!
你 好！
※基本のあいさつ。

（丁寧な）こんにちは！
ニン ハオ
Nín hǎo!
您 好！
※丁寧な言い方。

みなさん、こんにちは！
ニィメン ハオ
Nǐmen hǎo!
你们 好！
※複数人に向けての言い方。

おはようございます！
ヅァオシァン ハオ
Zǎoshang hǎo!
早上 好！
※"早上"は「朝」という意味。

こんばんは！
ワンシァン ハオ
Wǎnshang hǎo!
晚上 好！
※"晚上"は「夜」という意味。

おやすみなさい！
ワン アン
Wǎn'ān!
晚 安！
※「先睡了!」「お先に休みます」
　なども。

さようなら！
ヅァイ ジエン
Zài jiàn!
再 见！
※直訳は「また会おう」。

またあとで！
ホゥイトウ ジエン
Huítóu jiàn!
回头 见！
※"回头"は「後ほど、後で」。

また明日！
ミィンティエン ジエン
Míngtiān jiàn!
明天 见！
※時点＋"见"で
　「（その時点で）会おう」。

ありがとう！
シエシエ
Xièxie!
谢谢！
※"谢谢你"などもよく使う。

どういたしまして！
ブゥ クァーチ
Bú kèqi!
不 客气！
※"客气"は
　「遠慮する、謙遜する」。

どういたしまして！
ブゥ シエ
Bú xiè!
不 谢！
※"不客气"よりソフトな言い方。

ごめんなさい。
ドゥイ ブ チィ
Duì bu qǐ.
对 不 起。
※直訳は「顔向けできない」。
　フォーマルな謝罪の言葉。

かまいません。
メイ グワンシ
Méi guānxi.
没 关系。
※直訳は「関係ない」。

すみません。
ブゥ ハオ イィス
Bù hǎo yisi.
不 好 意思。
※軽いおわび。

さいしょの
文法

🎙10

～は…である "是"
～は…ではない "不是"

中国語の動詞 "是" は "A是B" という語順で「A（主語）はB（目的語）である」という意味を表します。否定形には "是" の前に "不" をつけて、"A不是B" と表現し、「AはBではない」という意味になります。

"是" の肯定形

ウオ　シー　リーベンロェン
Wǒ　shì　Rìběnrén.

我 是 日本人。　私は日本人です。
私　である　日本人

"是"である
主語が変わっても
動詞の形は変わらない！

語順だけみると、英語のbe動詞と同じです。このほか、動詞の文は「A（主語）＋動詞＋B（目的語）」というのが基本の語順です（⇒Step 2第6課、P.40）。

「A=B」と断定する言い方だよ。

【 例文 】

彼女は北京出身の人です。

タァ　シー　ベイジィンロェン
Tā　shì　Běijīngrén.

她 是 北京人。
彼女　である　北京出身の人

彼は会社員ではありません。

タァ　ブッシー　ゴォンスーヂーユエン
Tā　bú shì　gōngsī zhíyuán.

他 不是 公司职员。
彼　ではない　会社員

"是"の否定形、"不是"

"不"のもともとの声調は〈bù〉と第四声です。ただし、"不"のあとに第四声が続く場合、第二声に変調します（⇒Step 1 第 7 課、P.22）。

例 "不是"　　bù shì　　→　　bú shì
　　　　　　第四声　　　　　　第二声

人称代名詞

単数				
私	あなた	あなた（丁寧）	彼	彼女
ウオ wǒ **我**	ニィ nǐ **你**	ニン nín **您**	タァ tā **他**	タァ tā **她**

複数			
私たち	あなたたち	彼ら	彼女たち
ウオメン wǒmen **我们**	ニィメン nǐmen **你们**	タァメン tāmen **他们**	タァメン tāmen **她们**

練 習

1 作文してみましょう。

❶ 私は学生（学生）ではありません。　_____

❷ 私です。　_____

....

《 解答 》

1 ❶ 我不是学生。 "A不是B"という否定形です。

　❷ 是我。 主語が省略された応用的な表現です。"我是"だと「私は…」という意味になります。

🎙11

～も…である"也"
～はみな…である"都"

中国語の副詞"也"は動詞など述語の前に置き、「～も…である」という意味を表します。また、副詞"都"も述語の前に置き、「（複数の主語）～はみな…である」という意味を表します。

主語＋"也是"＋目的語

タァ　イエ　シー　リウシュエション
Tā　yě　shì　liúxuéshēng.

他 也 是 留学生。　彼も留学生です。
彼　　も　である　留学生

も ＋ 動詞

英語と違い「～も」という
副詞は動詞の前に置く！

動詞"是"の前に"也"を置き、この主語が
ほかの主語と「同じく…である」という意
味を表します。

同類、並列のニュアンスだよ。

【 例文 】

彼女もガイドさんです。

タァ　イエ　シー　ダオヨウ
Tā　yě　shì　dǎoyóu.

她 也 是 导游。
彼女　も　である　ガイド

私たちはみな観光客です。

ウオメン　ドウ　シー　ヨウクァ
Wǒmen　dōu　shì　yóukè.

我们 都 是 游客。
私たち　みな　である　観光客

"也"と"都"の否定形

　否定形はそれぞれ"也不是"「〜も（同じく）…ではない」、"都不是"「〜は（例外なく）みな…ではない」という意味を表します。

例　私も先生ではありません。

ウォ	イエ	ブゥシー	ラオシー
Wǒ	yě	bú shì	lǎoshī.
我	也	不是	老师。
私	も	ではない	先生

彼らはみな中国人ではありません。

タァメン	ドゥ	ブゥシー	ヂォングゥオロェン
Tāmen	dōu	bú shì	Zhōngguórén.
他们	都	不是	中国人。
彼ら	みな	ではない	中国人

練習

1　日本語の意味に合うように、（　）内の語句を並べ替えてみましょう。

❶ 私も会社員です。
（　公司职员　是　我　也　。　）＿＿＿＿＿＿＿＿＿＿

❷ 彼らはみな北京出身の人ではありません。
（　北京人　不　都　他们　是　。　）＿＿＿＿＿＿＿＿＿＿

2　作文してみましょう。

❶ 私たちはみな留学生です。＿＿＿＿＿＿＿＿＿＿

❷ 彼女はガイドではありません。彼もガイドではありません。

＿＿＿＿＿＿＿＿＿＿＿＿＿＿＿＿＿＿＿＿＿＿＿＿＿＿

《 解答 》

1　❶ 我也是公司职员。 "A也是B"の語順です。
　　❷ 他们都不是北京人。 否定形は"A都不是B"という語順で、「彼ら」が例外なく、みな北京出身の人ではないことを表します。
2　❶ 我们都是留学生。 "A都是B"の語順です。
　　❷ 她不是导游。他也不是导游。「彼女」同様、後ろの「彼」もガイドではないことを表します。

🎤 12

～は…ですか?
文末の助詞 “吗（マ）”

文末に助詞 “吗（マ）”をつけると「～ですか?」という最も基本的な疑問文をつくれます。“吧（バ）”をつけると「～でしょう? ～ですよね?」という推量や確認のニュアンスになります。また、ある文のあとに“A＋呢（ヌァ）?”を添えると、「(〈前の文は〉～ですが、)Aは?」とたずねる表現になります。

疑問文をつくる“吗（マ）”

ニィ シー ファンイィ マ
Nǐ shì fānyì ma?

你 是 翻译 吗? あなたは通訳ですか?

あなた である 通訳 か

文 ＋ か ?

答えがYesかNoかをたずねる疑問文!

文末の助詞を使った疑問の表現です。“吗（マ）”をつけると、前の部分の内容について「肯定か、否定か」をたずねる疑問文になります。

肯定文の文末に“吗（マ）”をつけるだけ!

【 例文 】

彼は運転手さんですよね?

タァ シー スージィ バ
Tā shì sījī ba?

他 是 司机 吧?

彼 である 運転手 ですよね

※推量・確認の“吧”。

私は日本人です。あなたは?

ウオ シー リーベンロェン ニィ ヌァ
Wǒ shì Rìběnrén nǐ ne?

我 是 日本人, 你 呢?

私 である 日本人 あなた は

※前の文を受けて質問する“呢”。

前に文がつかない "A＋呢（ヌァ）？"

　前に文がつかず、"A＋呢（ヌァ）？"と単独の名詞Aに"呢"がつく場合、「Aはどこにある？」あるいは「Aはどうしたのか？」などAの所在や状況などをたずねる表現になります。

 例

お財布は？	田中さんは？
チエンバオ　　ヌァ	ティエンヂォン　ヌァ
Qiánbāo　ne?	Tiánzhōng ne?
钱包　呢？	**田中　呢？**
财布　　は	田中　　は

練習

1 日本語の意味に合うように（　）から語句をひとつ選びましょう。

❶ 彼は中国人ですよね？　　　　　　　他是中国人（ 吗　 吧　 呢 ）？

❷ 先生は？　　　　　　　　　　　　 老师（ 吗　 吧　 呢 ）？

2 作文してみましょう。

❶ 彼は北京出身の人ですか？　　　　　＿＿＿＿＿＿＿＿＿＿＿

❷ 私は学生です。あなたは？　　　　　＿＿＿＿＿＿＿＿＿＿＿

....

《 解答 》

1　❶ 他是中国人（吧）？　ここは「～ですよね？」という推量・確認の"吧"です。
　　❷ 老师（呢）？　日本語と名詞単独の文末につく形から"呢"とわかりますね。
2　❶ 他是北京人吗？　基本の疑問文。「～ですか？」とたずねる場合、文末に"吗"をつけます。
　　❷ 我是学生，你呢？　文末の"呢"は前の文を受けてたずねるものです。

🎤 13

これは…です "这是"
指示代詞　これ、それ（あれ）、どれ

　「これ」のような話し手に近いものを指すのが"这"で、「それ、あれ」のように話し手からやや距離がある、遠くを指す場合は"那"を使います。疑問の「どれ」は"哪"です。"这是…"は「これは…です」、"那是…"は「それは…です」という表現です。

"这是" + 名詞

ヂョア　シー　　ショウジィ
Zhè　shì　shǒujī.

这 是　手机。　これは携帯電話です。
これ　である　携帯電話

"这"　これ
"那"　それ,あれ

"这是…" の形で「これ…です」という意味になります。話し手の近くにあるものを指して、述べているイメージです。

"A是B"の主語が"这"になった表現だよ。

【 例文 】

それは塩ですか？

ナァ　シー　イエン　マ
Nà　shì　yán　ma?

那 是 盐 吗?
それ　である　塩　か

これは鉛筆ではありません。

ヂョア　ブゥシー　チエンビィ
Zhè　bú shì　qiānbǐ.

这 不是 铅笔。
これ　ではない　鉛筆

“这”、“那”、“哪”には発音が2通りある

_____部は、より口語的な発音です。またそれぞれの複数形は"这些"、"那些"、"哪些"です。

	近称（これ）	遠称（それ・あれ）	疑問（どれ）
基本	ヂョァ チェイ zhè/<u>zhèi</u> 这	ナァ ネイ nà/<u>nèi</u> 那	ナァ ネイ nǎ/<u>něi</u> 哪
複数	ヂョァシエ ヂェイシエ zhèxiē/<u>zhèixiē</u> 这些	ナァシエ ネイシエ nàxiē/<u>nèixiē</u> 那些	ナァシエ ネイシエ nǎxiē/<u>něixiē</u> 哪些

練習

1 （　）内の語句を使って作文してみましょう。

❶ それは辞書（词典）ではありません。　_____

❷ これらはみなノート（本子）です。　_____

2 中国語の質問に肯定形で答えましょう。

❶ 这是铅笔吗？　　　→　_____

❷ 那也是手机吗？　　→　_____

....

《 解答 》

1　❶ 那不是词典。"那不是…"で「それは…ではない」という否定形にします。
　　❷ 这些都是本子。「これら」＋「みな…である」の組み合わせで"这些都是…"とします。
2　❶ 質問：这是铅笔吗？「これは鉛筆ですか？」
　　　　→ 这是铅笔。「これは鉛筆です」
　　❷ 質問：那也是手机吗？「それも携帯電話ですか？」
　　　　→ 那也是手机。「それも携帯電話です」

🎤14

〜の…
所有や所属を表す"的"

日本語の「〜の」という意味を表すのが構造助詞の"的"です。主に所有や所属を表して名詞を修飾します。ただし、「人称代詞＋親族や人間関係・所属関係などを表す名詞」の場合は"的"を省略することもあります。

所有や所属を表す"的"

ウォ wǒ	ドァ de	シュウ shū
我	的	书
私	の	本

私の本

"我的"
私の

"修飾成分＋的＋名詞"の形で「〜の…」という意味を表します。上の例では「私の」という所有を表しています。

"A的B"で「AのB」だよ。

【 例文 】

それは先生のカバンです。

ナァ Nà	シー shì	ラオシー lǎoshī	ドァ de	シュウバオ shūbāo.
那	是	老师	的	书包。
それ	である	先生	の	カバン

彼は私の友人です。

タァ Tā	シー shì	ウオ wǒ	ポンヨウ péngyou.
他	是	我	朋友。
彼	である	私	友人

※"的"が省略できる。

あとに名詞がつかない"的"

"的"のあとの名詞を省略することもあります。

例

これは私のです。

ヂョァ シー ウオ ドァ
Zhè shì wǒ de.

这 是 我 的。

これ である 私 の

あれは母のです。

ナァ シー マァーマ ドァ
Nà shì māma de.

那 是 妈妈 的。

あれ である 母 の

練習

1 （ ）内の語句を使って作文してみましょう。

1 それは父（**爸爸**）の本です。

2 私の兄（**哥哥**）は会社員です。

2 中国語の質問に否定形で答えましょう。

1 这是他的吗？ →

2 你妈妈是老师吗？ →

《 解 答 》

1 **1** 那是爸爸的书。"的"を使って「父の」所有物であることを表現します。
　 2 我（的）哥哥是公司职员。「人称代詞＋親族」の場合、"的"は省略できます。
2 **1** 質問：这是他的吗？「これは彼のですか？」
　　→ 这不是他的。「これは彼のではありません」
　 2 質問：你妈妈是老师吗？「あなたのお母さんは先生ですか？」
　　→ 我妈妈不是老师。「私の母は先生ではありません」

🎙15

〜は…する
動詞述語文

「行く、食べる、買う」など主語の動作・行為について表現するのが、動詞述語文です。基本的な語順は、英語の「S（主語）＋V（動詞）」や「S（主語）＋V（動詞）＋O（目的語）」と同じです。

動作・行為を表す動詞述語文

ウォ　　チー　　ジィアオヅ
Wǒ　chī　jiǎozi.

我　吃　饺子。　　私はギョーザを食べます。
私　食べる　ギョーザ

"吃"食べる
主語が変わっても
動詞の形は変わらない

英語と同じ「S（主語）＋V（動詞）＋O（目的語）」の語順です。「ギョーザ」をほかの食べ物にかえたり、「食べる」を「買う」にかえたりして、練習してみましょう。

動詞述語文の語順は、英語と一緒！

【 例文 】

彼女は行きます。

タァ　チュイ
Tā　qù.

她　去。
彼女　行く

私はチケットを買います。

ウォ　マイ　ピアオ
Wǒ　mǎi　piào.

我　买　票。
私　買う　チケット

「～は…しない」あるいは「～は○○を…しない」と否定するには、動詞の前に"不"を置きます。「…しますか？」という疑問は文末に"吗"を置き、相手がその動作・行為を「するかどうか」をたずねます。

動詞述語文の否定形

バァーバ　ブゥ　カン　ディエンシー
Bàba　bú　kàn　diànshì.

爸爸 不 看 电视。
父　　しない　見る　テレビ

父さんはテレビを見ません。

動詞の前に"不"を置くだけなので簡単ですね。"看"の声調は"是"と同様、第四声なので、前の"不"が変調して第二声になっている点に注意（⇒Step 1 第7課、P.22）。

動詞の前に"不"をつけるだけだよ。

【 例文 】

私はコーヒーを飲みません。

ウォ　ブゥ　ホァ　カァフェイ
Wǒ　bù　hē　kāfēi.

我 不 喝 咖啡。
私　しない　飲む　コーヒー

あなたはタクシーに乗りますか？

ニィ　ヅゥオ　チュウヅゥチョア　マ
Nǐ　zuò　chūzūchē　ma?

你 坐 出租车 吗?
あなた　乗る　タクシー　　か

"吗"を使った疑問文の回答には、一部省略して答えることもよくあります。例文"你坐出租车吗?"の答え方には、次のようなパターンがあります。

「主語＋動詞＋目的語」

私はタクシーに乗ります。

ウォ　ヅゥオ　チュウヅゥチョア
Wǒ　zuò　chūzūchē.

我 坐 出租车。

「主語＋動詞」

私は乗ります。

ウォ　ヅゥオ
Wǒ　zuò.

我 坐。

「動詞部分のみ」

乗りません。

ブゥ　ヅゥオ
Bú　zuò.

不 坐。

動作・行為を表す動詞いろいろ

来る	聞く	言う、話す	書く	売る
ライ lái **来**	ティン tīng **听**	シュオ shuō **说**	シエ xiě **写**	マイ mài **卖**

働く	学習する	休憩する	旅行する	遊ぶ
ゴォンヅゥオ gōngzuò **工作**	シュエシィ xuéxí **学习**	シウシ xiūxi **休息**	リュィヨウ lǚyóu **旅游**	ワァール wánr **玩儿**

column

「薬をのむ」には
動詞"喝"「飲む」を使わない？

日本語の意味に合わせて、中国語の「動詞＋目的語」を組み合わせても、違うニュアンスになってしまう（またはそうは言わない）場合があります。例えば「薬（"药 yào"）をのむ」は「のむ（飲む・呑む）」という意味から動詞"喝 hē"を使えばよいのかと思うところですが、それだと薬が「液状ののみぐすり」に限定されてしまうので、カプセル剤や錠剤には動詞"吃 chī"を使います。

また、タクシーに「乗る」は"坐 zuò"を使いましたが、自転車（"自行车 zìxíngchē"）に「乗る」は「またがって乗る」ときに使う"骑 qí"を使わなければなりません。中国語をマスターするうえで、「動詞と目的語」の組み合わせ方や似ている意味の単語の使い分けは大変重要です。

練習

1 この課で登場した中国語の動詞を使って作文してみましょう。

1. 私は聞きます。
2. 彼も遊びます。
3. あなたはテレビを買いますか?
4. あなたは手紙(信)を書きますか?

2 中国語の質問に"不"を使った否定の表現で答えましょう。

1. 妈妈来吗? →
2. 你休息吗? →
3. 我学习，你呢? →
4. 你也去中国吗? →
5. 你爸爸喝咖啡吗? →

⋯⋯⋯⋯⋯⋯⋯⋯⋯⋯⋯⋯⋯⋯⋯⋯⋯⋯⋯⋯⋯⋯⋯⋯⋯⋯⋯⋯⋯⋯⋯⋯

《 解答 》

1. ❶我听。 ❷他也玩儿。 Step 2第2課、P.32"也"・"都"を参照。
   ❸你买电视吗? ❹你写信吗?

2. ❶質問：妈妈来吗?「お母さんは来ますか?」
   → 妈妈不来。「お母さんは来ません」
   ❷質問：你休息吗?「あなたは休憩しますか?」
   → 我不休息。「私は休憩しません」
   ❸質問：我学习，你呢?「私は勉強しますが、あなたは?」
   → 我不学习。「私は勉強しません」
   ❹質問：你也去中国吗?「あなたも中国に行きますか?」
   → 我不去（中国）。「私は中国に行きません」
   ❺質問：你爸爸喝咖啡吗?「あなたのお父さんはコーヒーを飲みますか?」
   → 我爸爸不喝（咖啡）。「私の父はコーヒーを飲みません」

🎙16

何、誰、どこ
疑問詞疑問文

　　たずねたい部分に「なに、だれ、どこ」のような疑問詞をあてはめて質問するのが、疑問詞疑問文です。疑問詞疑問文の文末には助詞"吗"や"吧"（⇒Step 2第3課、P.34）は使えません。ただし、"呢"は文末に置くことができ、より口語的でやわらかなニュアンスを表現できます。

疑問詞を使う疑問詞疑問文

ニィ	ホァ	シェンマ
Nǐ	hē	shénme?

你　喝　什么？

あなた　飲む　　何

あなたは何を飲みますか？

文末に"吗"をつける疑問文の場合、「飲み物」を提示して、「飲むか、飲まないか」をたずねますが、疑問詞疑問文は「たずねたい部分」に疑問詞を置きます。ここでは目的語に"什么"を置きます。

たずねたい部分

⇕

？疑問詞？

たずねたい部分に疑問詞を置くだけ！

「何」を飲むかをたずねる言い方だよ。

【 例文 】

彼は誰ですか？

タァ	シー	シェイ
Tā	shì	shéi?

他 是 谁？

彼　である　誰

あなたはどこに行くのですか？

ニィ	チュイ	ナァール	ヌァ
Nǐ	qù	nǎr	ne?

你　去　哪儿　呢？

あなた　行く　どこ　（口語的）

疑問詞とほかの語句を組み合わせて表現することもできます。

疑問詞＋名詞の疑問詞疑問文

タァ シー ナァ グゥオ ロェン
Tā shì nǎ guó rén?

她 是 哪 国 人?
彼女 である どの 国 人

彼女はどの国の人
ですか?

?"什么人"?
これは「どんな人」
という言い方!

「疑問詞＋名詞」("哪"＋国人)で、「どの国の
人」と出身国をたずねます(⇒Step 2第4課、
P.37"哪")。「何(なに)人」とたずねるつもり
で"什么人"と言うと「どんな人」という意味
になってしまうので注意!

「どの」「何の」という言い方だよ。

【 例文 】

あなたは何の本を読みますか?

ニィ カン シェンマ シュウ
Nǐ kàn shénme shū?

你 看 什么 书?
あなた 読む 何 本

これは何という意味ですか?

ヂョア シー シェンマ イィース
Zhè shì shénme yìsi?

这 是 什么 意思?
これ である 何 意味

"什么"は直接名詞について"什么书"「何の本」、"什么意思"「何という意味
(何の意味)」のような表現ができます。ただし、例に挙げた別の疑問詞"谁"、
"哪儿"は「誰の」、「どこの」と言う場合、必ず"的"を伴います。

これは誰のペンですか?

ヂョア シー シェイ ドァ ビィ
Zhè shì shéi de bǐ?

这 是 谁 的 笔?
これ である 誰 の ペン

あなたはどこの人ですか?

ニィ シー ナァール ドァ ロェン
Nǐ shì nǎr de rén?

你 是 哪儿 的 人?
あなた である どこ の 人

45

いろいろな疑問詞

いくつ （10未満の数を尋ねる）	どのくらい （数をたずねる）	いつ （時点をたずねる）
ジィ jǐ 几	ドゥオシャオ duōshao 多少	シェンマシーホウ shénme shíhou 什么时候

どのように…するか （手段・方法などをたずねる）	いかがか （状況や性質をたずねる）
ヅェンマ zěnme 怎么（＋述語）	ヅェンマヤン zěnmeyàng 怎么样

なぜ（原因・理由をたずねる）	
ウェイシェンマ wèishénme 为什么（＋述語）	ヅェンマ zěnme 怎么（＋述語）

column

実は言える？ 「疑問詞」＋"吗"？

「疑問詞疑問文の文末に"吗"や"吧"は使えない」と説明しました。これは疑問詞疑問文では疑問詞が疑問を表すので、同じく疑問を表す"吗"などを重ねて使う必要はないからです。しかし実際、次のような文も存在します。

Nǐ chī diǎnr shénme ma?
ニィ チー ディアル シェンマ マ

你 吃 点儿 什么 吗？
あなた 食べる 少し 何か か

実はこのときの"什么"は疑問の意味はなく、「何か、何かしら」という不定の意味を表しているので、疑問の役割は文末の"吗"が担います。そのため、この文は"什么"を不定のニュアンスで捉えた「あなたは少し何か食べますか？」という訳になります。

46

練習

1 作文してみましょう。

❶ それは何ですか？

❷ あなたは何の本を買いますか？

❸ 誰が来ますか？

❹ あなたたちはどの国の人ですか？

2 （　）内の語句を使って、会話が成立するように疑問詞疑問文をつくりましょう。

❶ （什么）_____　→　我喝咖啡。

❷ （哪儿）_____　→　我去上海。

❸ （谁）_____　→　他去公司。

❹ （谁）_____　→　那是我的手机。

❺ （什么）_____　→　他吃饺子。

. . . .

《 解答 》

1　❶ 那是什么？　　❷ 你买什么书？「何の本」に "的" は不要です。
　　❸ 谁来？　　❹ 你们是哪国人？　※❶～❹はいずれも文末の助詞 "吗" などは不要です。

2　❶ 質問：你喝什么？「あなたは何を飲みますか？」
　　　→ 我喝咖啡。「私はコーヒーを飲みます」
　　❷ 質問：你去哪儿？「あなたはどこに行きますか？」
　　　→ 我去上海。「私は上海に行きます」
　　❸ 質問：谁去公司？「誰が会社に行きますか？」
　　　→ 他去公司。「彼が会社に行きます」
　　❹ 質問：那是谁的手机？「それは誰の携帯電話ですか？」
　　　→ 那是我的手机。「それは私の携帯電話です」
　　❺ 質問：他吃什么？「彼は何を食べますか？」
　　　→ 他吃饺子。「彼はギョーザを食べます」

第1課～第7課　復習問題

1　（　）内からふさわしい語句をひとつ選び、○で囲みましょう。

1 これは先生のものです。　　　　　这是老师（吗　也　的）。

2 あなたはガイドさんですよね？　　你是导游（吗　吧　呢）？

3 私はノートを買います。あなたは？　我买本子，你（吗　吧　呢）？

4 あなたはどの国の人ですか？　　　你是（那　什么　哪）国人？

2　**1**～**4**の質問に対する受け答えとしてふさわしいものを
　　A～Cからひとつ選び、○で囲みましょう。

1 你是日本人吗？

A 我是日本人。　　　B 我不是中国人。　　　C 你是日本人。

2 我的钱包呢？

A 那是我的铅笔。　　B 这是你的吧？　　　C 他买钱包。

3 你去公司吗？

A 我不去。　　　　　B 他也去公司。　　　C 你是公司职员。

4 他们都休息，你呢？

A 都是我。　　　　　B 我也不休息。　　　C 我也休息。

3　作文してみましょう。

1 それはペンですか？

2 これらはみな私の本です。

3 あなたはテレビを見ますか？

4 彼も聞きますか？

5 先生はどこに行くのですか？

6 これは誰のチケットですか？　―　私のです。

習ったことを思い出して、
書いてみよう！

《 解 答 》

1　❶这是老师（的）。

　　「先生の」という所有を表す"的"を使います。後ろの名詞は省略されています。

　❷你是导游（吧）？

　　「ガイドさんですか？」ではなく「ですよね？」という日本語のニュアンスにあうのは"吧"です。

　❸我买本子，你（呢）？

　　前の文の内容をふまえて、「あなたは？」とたずねるのは助詞"呢"です。

　❹你是（哪）国人？

　　疑問を表す指示代詞"哪"がもっともふさわしいです。"哪国人"「どの国の人」はよく使う表現なので覚えておきましょう。

2　❶你是日本人吗？「あなたは日本人ですか？」

　　→ A 我是日本人。「私は日本人です」

　❷我的钱包呢？「私の財布は（どこ）？」

　　→ B 这是你的吧？「これはあなたのですよね？」

　　"名詞＋呢?"と単独の名詞に"呢"がつくのは、その名詞の所在などをたずねる表現です。回答としてあうのはBで、聞き手が財布を見つけて確認した状況を表しています。

　❸你去公司吗？「あなたは会社に行きますか？」

　　→ A 我不去。「私は行きません」

　❹他们都休息，你呢？「彼らはみな休憩します。あなたは？」

　　→ C 我也休息。「私も休憩します」

　　"也"と"都"の使い分けを確認しましょう（⇒Step 2第2課、P.32）。

3　❶那是笔吗？

　❷这些都是我的书。

　　"这"「これ」の複数形である"这些"「これら」と"都"「みな」を組み合わせた表現です。

　❸你看电视吗？

　　動詞述語文の基本の語順どおりです。

　❹他也听吗？

　❺老师去哪儿？

　　"哪儿"「どこ」を使う疑問詞疑問文なので、文末に"吗"は不要です。

　❻这是谁的票？－ 是我的。

　　"谁"「誰」を使う疑問詞疑問文なので、文末に"吗"は不要です。模範解答は出題文の日本語に合わせて、主語"这"と名詞"票"を省いています。省略しないと"这是我的票。"となります。

🎤17

～は…するのが好きだ
"喜欢"＋動詞フレーズ

「…するのが好きだ」と好みを伝えるのが動詞"喜欢"です。語順は"喜欢"＋動詞フレーズ（動詞＋目的語）が基本となります。ただし、"喜欢"の後ろに動詞フレーズをつくることが難しい場合は「…が好きだ」"喜欢"＋名詞という言い方で表現することもあります。

"喜欢"＋動詞フレーズ

ウオ　シィホワン　チー　ヂョングゥオツァイ
Wǒ　xǐhuan　chī　Zhōngguócài.

我　喜欢　吃　中国菜。

私　好きだ　食べる　中国料理

私は中国料理を食べるのが好きです。

動詞「食べる」を省かない！

日本語だと「中国料理が好きだ」という言い方をしますが、中国語では「（中国料理を）食べる」のが好きだと考えます。

動詞を省かない表現が基本だよ！

【 例文 】

兄は料理をつくるのが好きです。

グァーグァ　シィホワン　ヅゥオ　ツァイ
Gēge　xǐhuan　zuò　cài.

哥哥　喜欢　做　菜。

兄　好きだ　つくる　料理

私は球技が好きではありません。

ウオ　ブゥ　シィホワン　ダァ　チウ
Wǒ　bù　xǐhuan　dǎ　qiú.

我　不　喜欢　打　球。

私　ない　好きだ　打つ　ボール

"喜欢"＋名詞
シィホワン

「〜するのが」と動詞を伴うのが難しい場合は、"喜欢"＋名詞の形で表現します。
シィホワン

例 私は猫が好きです。

ウォ　シィホワン　マオ
Wǒ　xǐhuan　māo.

我 喜欢 猫。
私　　好きだ　　猫

私は中国が好きです。

ウォ　シィホワン　ヂォングゥオ
Wǒ　xǐhuan　Zhōngguó.

我 喜欢 中国。
私　　好きだ　　中国

ちなみに「犬」は"狗 gǒu"と言います。
ゴウ

練習

1 作文してみましょう。

❶ あなたはギョーザが好きですか？

❷ あなたは誰が好きですか？

2 中国語の質問に肯定形で答えましょう。

❶ 我喜欢看书，你呢？　　→

❷ 他喜欢做菜吗？　　→

《 解答 》

1　❶ 你喜欢吃饺子吗？　動詞"吃"を補って作文しましょう。
　　❷ 你喜欢谁？　動詞フレーズをつくるのが難しい場合は名詞を直接つけます。

2　❶ 質問：我喜欢看书，你呢？「私は読書が好きですが、あなたは？」
　　　　→ 我也喜欢看书。「私も読書が好きです」
　　❷ 質問：他喜欢做菜吗？「彼は料理をつくるのが好きですか？」
　　　　→ 他喜欢做菜。「彼は料理をつくるのが好きです」

🎤18

～は…を持っている
所有を表す"有"

　動詞"有"は主語が人の場合、「～は…を持っている、…がある」という所有の意味を表します。目的語の位置には「もの」などのほか「人」を置くこともでき、「～は…がいる」という意味も表すことができます。

所有を表す"有"

ウオ　ヨウ　ジィフェンカァ
Wǒ yǒu jīfēnkǎ.

我 有 积分卡。
私　　ある　ポイントカード

私はポイントカードを
持っています。

あ

動詞"有"を使う動詞述語文なので「主語＋"有"＋目的語」が基本の語順です。主語が所有者を表し、目的語には事物や人などを置きます。

「所有者＋"有"＋所有物」だよ。

【 例文 】

彼女は車を持っています。

タァ　ヨウ　チィチョア
Tā yǒu qìchē.

她 有 汽车。
彼女　ある　　車

あなたは兄弟姉妹がいますか？

ニィ　ヨウ　シオンディジエメイ　マ
Nǐ yǒu xiōngdì jiěmèi ma?

你 有 兄弟姐妹 吗？
あなた　いる　　兄弟姉妹　　か

"有"の否定形、"没有"

　動詞"有"の否定形には"不"ではなく、副詞"没"をつけた"没有"の形で「～は…を持っていない」、「～は…がいない」という意味を表します。

例　彼はパスポートを持っていません。

タァ　　メイヨウ　　ホゥヂャオ
Tā　méiyǒu　hùzhào.

他 没有 护照。
彼　　　ない　　　パスポート

私は妹がいません。

ウオ　　メイヨウ　　メイメイ
Wǒ　méiyǒu　mèimei.

我 没有 妹妹。
私　　いない　　妹

練習

1 作文してみましょう。

❶ 彼は兄（哥哥）がいます。 _____

❷ 私たちはみな携帯電話を持っています。 _____

2 中国語の質問に否定形で答えましょう。

❶ 你有笔吗？　　　→　_____

❷ 你也有票吗？　　　→　_____

《 解答 》

1　❶ 他有哥哥。　　❷ 我们都有手机。

2　❶ 質問：你有笔吗？「あなたはペンを持っていますか？」
　　　　→ 我没有笔。「私はペンを持っていません」
　❷ 質問：你也有票吗？「あなたもチケットを持っていますか？」
　　　　→ 我没有票。「私はチケットを持っていません」　肯定形なら「私も持っています」
　　　　と言えますが、否定形なので回答は"也"をとります。

🎤 19

〜に…がある
存在を表す"有^{ヨウ}"

動詞"有^{ヨウ}"は主語が「場所」の場合、「〜に…がある、いる」という存在の意味を表します。否定形は所有の表現同様、副詞"没^{メイ}"をつけた"没有^{メイヨウ}"の形で「〜に…がない、いない」という意味を表します。

存在を表す"有^{ヨウ}"

デョァール Zhèr	ヨウ yǒu	イィヅ yǐzi.
这儿	有	椅子。
ここ	ある	椅子

ここに椅子があります。

ある

動詞述語文の基本の語順です。このとき、"有^{ヨウ}"の後ろに置く目的語は意味上の主語となり、主に「何か新たなもの」、「知らない人物」など不特定な存在として表現されます。

「場所＋"有"＋存在するものや人」だよ。

【 例文 】

あそこに人がいます。

ナァール Nàr	ヨウ yǒu	ロェン rén.
那儿	有	人。
あそこ	いる	人

[特定できない人]

近くにコンビニがありません。

フゥジン Fùjìn	メイヨウ méiyǒu	ビエンリィディエン biànlìdiàn.
附近	没有	便利店。
近く	ない	コンビニ

[不特定の、単なるコンビニ]

「場所」を表す指示代詞

近称（話し手から近い）	遠称（話し手から遠い）	疑問
ここ（そこ）	そこ、あそこ	どこ
ヂョァール / ヂョリ zhèr / zhèli	ナァール / ナァーリ nàr / nàli	ナァール / ナァーリ nǎr / nǎli
这儿／这里	那儿／那里	哪儿／哪里

※ "哪里 nǎli"「どこ」の"里 li"は声調のない軽声だが、もとの発音が第三声だった影響で、「第三声＋第三声」の変調（⇒Step 1 第 7 課、P.22）が起こり、実際の発音は náli となる。

練習

1 作文してみましょう。

1 ここにギョーザがあります。

2 あそこに何がありますか？

2 中国語の質問に肯定形で答えましょう。

1 那儿有便利店吗？　　→

2 附近有猫吗？　　→

《 解答 》

1　**1** 这儿（这里）有饺子。
　　2 那儿（那里）有什么？　疑問詞を使うので、"吗"は不要です。
2　**1** 質問：那儿有便利店吗？「あそこにコンビニがありますか？」
　　　　→ 那儿有便利店。「あそこにコンビニがあります」
　　2 質問：附近有猫吗？「近くに猫がいますか？」
　　　　→ 附近有猫。「近くに猫がいます」　"附近"は「付近」という意味です。

Step 2　さいしょの文法

🎤20

～は…にある
所在を表す“在”

動詞“在”は「主語＋“在”＋（場所を表す）目的語」の語順で、「～は…にある、いる」という所在の意味を表します。ここでの主語は「特定できる人やもの」です。否定形は“不在”で「～は…にない、いない」と表現します。

所在を表す“在”

タァ　ヅァイ　ヂォングゥオ
Tā　zài　Zhōngguó.

他 在 中国。
彼　いる　中国

彼は中国にいます。

「特定できる人やもの＋“在”＋場所」という語順です。この“他”は特定できる人物なので“有”を使って“中国有他。”とは言えません（⇒Step 2 第10課、P.54）。

「特定できる人やもの＋“在”＋場所」だよ。

【 例文 】

私たちの会社は東京にあります。

ウオメン　ゴォンスー　ヅァイ　ドォンジィン
Wǒmen gōngsī zài Dōngjīng.

我们 公司 在 东京。
私たち　会社　ある　東京

鈴木さんはオフィスの中にいません。

リィンムゥ　ブゥ ヅァイ　バンゴォンシー　リ
Língmù bú zài bàngōngshì li.

铃木 不在 办公室 里。
鈴木　いない　オフィス　中

方位詞を使った空間の表現

　「上下左右、東西南北」などの位置や向きを表す語句が、方位詞です（⇒Step 2、P.68コラム「方位詞」）。単独で使うほか、「名詞＋方位詞」の形で、「～の上、～の中」という具体的な空間イメージを表現できます。

例

お店の中

シャアンディエン　リ
shāngdiàn　li
商店　里
店　　　中

駅の前

チョァチャン　チエンビエン
chēzhàn　qiánbian
车站　前边
駅　　　前

練習

1 作文してみましょう。

1 父さん（**爸爸**）は東京にいます。

_____

2 オフィスはどこにありますか？

_____

2 中国語の質問に（　）内の語句を使って答えましょう。

1 她也在日本吗？　（不）　　→　_____

2 出租车在哪儿？　（那儿）　→　_____

· ·

《 解 答 》

1　**1** 爸爸在东京。「主語＋"在"＋場所」の語順です。
　　2 办公室在哪儿（哪里）？　"办公室"が主語になり、"在"の後ろに場所を表す指示代詞"哪儿"を置きます。

2　**1** 質問：她也在日本吗？「彼女も日本にいますか？」
　　　→ 她不在日本。「彼女は日本にいません」　質問に対して「彼女も日本にいる」と言う場合"也"を使いますが、状況が異なる"不在"の回答には"也"は不要です。
　　2 質問：出租车在哪儿？「タクシーはどこにありますか？」
　　　→ 出租车在那儿。「タクシーはあそこにあります」　疑問詞"哪儿"でたずねられた部分に回答します。

🎤 21

～は…である
形容詞述語文

　形容詞を述語にして、主語の状態や性質などを表現するのが形容詞述語文です。肯定形では述語の形容詞の前に"很"などの副詞を置きます。副詞"很"はもともと程度を強める「とても」という意味を有しますが、特に必要がなければ「とても」という訳を反映しなくてもかまいません。

形容詞述語文

ウォ　　ヘン　　マァン
Wǒ　hěn　máng.

我 很 忙。

私（とても）忙しい

お飾りの"很"なので
必要がなければ
「とても」とは訳さない

私は忙しいです。

英語の形容詞表現にはbe動詞を使いますが、中国語では"是"は不要です。
　　　ウォシーマァン
× 　我是忙。
例文は"很"を「とても」と訳しても問題ありません。

"很"はお飾り的なものだよ。

【 例文 】

今日は暑いです。

ジンティエン　ヘン　ロァ
Jīntiān　hěn　rè.

今天 很 热。

今日（とても）暑い

電子辞書は非常に高いです。

ディエンヅー ツーディエン　フェイチャアン　グゥイ
Diànzǐ cídiǎn　fēicháng guì.

电子词典 非常 贵。

電子辞書　　非常に　高い

形容詞述語文の否定形は「主語＋"不"＋形容詞」となり、疑問文では「主語＋形容詞＋"吗"」となるのが基本です。肯定形と違い、いずれも特に程度を強調したい場合を除き、"很"などの程度を表す副詞は使いません。

形容詞述語文の否定・疑問

ハンユィ　ブゥ　ナン
Hànyǔ bù nán.

汉语 不 难。　中国語は難しくありません。

中国語　ない　難しい

否定
| 主語 | ない | 形容詞 |

疑問
| 主語 | 形容詞 | か ? |

否定形や疑問文で副詞を使うと、否定を強調したり、「とても〜ですか?」とあえて程度を強めてたずねたりする表現になります。

"很"などの程度を表す副詞は入れないよ。

〔 例文 〕

銀行は遠くありません。

インハァン　ブゥ　ユエン
Yínháng bù yuǎn.

银行 不 远。

銀行　ない　遠い

天気はよいですか?

ティエンチィ　ハオ　マ
Tiānqì hǎo ma?

天气 好 吗?

天気　よい　か

比較・対比のニュアンス

形容詞述語文の肯定形から程度の副詞を取ると、比較・対比のニュアンスが生じます。

例　私は忙しく、彼は忙しくありません。

ウオ　マァン　タァ　ブゥ　マァン
Wǒ máng, tā bù máng.

我 忙, 他 不 忙。

私　忙しい　彼　ない　忙しい

※"我很忙。"は「私は忙しい」という言い切り。
"我忙。"は「私は忙しく、…」のようにほかの比較対象が自然にイメージされる。

よく使う形容詞
////////////////

大きい・年上である ⇔ 小さい・年下である		多い ⇔ 少ない	
ダァ dà **大**	シアオ xiǎo **小**	ドゥオ duō **多**	シャオ shǎo **少**

長い ⇔ 短い		遠い ⇔ 近い	
チャアン cháng **长**	ドワン duǎn **短**	ユエン yuǎn **远**	ジン jìn **近**

（速度が）速い ⇔ 遅い		（時間的に）早い ⇔ 遅い	
クワイ kuài **快**	マン màn **慢**	ヅァオ zǎo **早**	ワン wǎn **晚**

暑い・熱い ⇔ 寒い		暖かい ⇔ 涼しい	
ロァ rè **热**	レゥン lěng **冷**	ヌワンホゥオ nuǎnhuo **暖和**	リアンクワイ liángkuai **凉快**

（背が）高い ⇔ （背が）低い		（値段が）高い ⇔ 安い	
ガオ gāo **高**	アイ ǎi **矮**	グゥイ guì **贵**	ピエンイィ piányi **便宜**

厚い ⇔ 薄い		太い ⇔ 細い	
ホウ hòu **厚**	バオ báo **薄**	ツゥ cū **粗**	シィ xì **细**

甘い	辛い	塩辛い	おいしい
ティエン tián **甜**	ラァ là **辣**	シエン xián **咸**	ハオチー hǎochī **好吃**

よく使う程度を表す副詞

非常に	本当に（とても）	最も、一番
フェイチァアン fēicháng **非常**	チェン zhēn **真** ※話し手が実感して 発話する場合限定。	ヅゥイ zuì **最**

比較的、わりあいに	あまり～でない	たいへん～だ（～すぎる）
ビィジアオ bǐjiào **比較**	ブゥタイ bútài **不太**	タイ～ルァ tài ~ le **太～了** ※～には形容詞 が入る。

練習

1 次の単語を参考に作文してみましょう。

夏	冬	おいしい
シアティエン xiàtiān **夏天**	ドォンティエン dōngtiān **冬天**	ハオチー hǎochī **好吃**

① 東京の夏は非常に暑いです。

② あまりおいしくないです。

③ 夏は暑く、冬は寒いです。

④ 忙しすぎます。

《 解答 》

1 ① 东京的夏天非常热。 程度を強める"非常"を使います。

② 不太好吃。 「あまり～でない」は"不太"を使います。

③ 夏天热，冬天冷。 程度の副詞をつけず、前後で対比させます。

④ 太忙了。 「～すぎる」は"太＋形容詞＋了"を使います。

🎤22

～は…ですか？
反復疑問文

　述語となる動詞などを「肯定形＋否定形」の順に並べることで疑問文にできます。これを「反復疑問文」といいます。基本的に文末の助詞 "吗" と同様で「…ですか、しますか？」という意味を表します。反復疑問文には文末に "吗" はつけません。

反復疑問文

ニィ　　チー　　　ブチー　　　ファン
Nǐ　　chī　　bu chī　　fàn?

你 吃 不吃 饭？

あなた 食べる　食べない　ご飯

あなたはご飯を
食べますか？

反復疑問文の文末に "吗" はつけません。
このとき、否定の副詞 "不" は軽声で読みます。

「するか、しないか」を聞く言い方だよ。

〖 例文 〗

彼はアメリカ人ですか？

タァ　シ　　ブシ　　メイグゥオロェン
Tā　shì　bu shì　Měiguórén?

他 是 不是 美国人？

彼 である　でない　アメリカ人

あなたは眠いですか？

ニィ　　クゥン　ブクゥン
Nǐ　　kùn　bu kùn?

你 困 不困？

あなた 眠い　眠くない

2音節の述語を使った反復疑問文

2音節の述語は最初の音節だけを反復させることもあります。

例 あなたはパンダが好きですか？

ニィ　　シィ　　ブ シィホワン　シオンマオ
Nǐ　　xǐ　　bu xǐhuan xióngmāo?

你　喜 不喜欢 熊猫?

あなた　好きだ 好きでない　　パンダ

あなたは彼の住所を知っていますか？

ニィ　　　ヂー　　 ブ ヂーダオ　タァドァ　ディヂー
Nǐ　　zhī　　bu zhīdào　tā de　　dìzhǐ?

你　知　不知道 他的 地址?

あなた　知っている 知らない　　彼の　　住所

練習

1 次の"吗"を使った疑問文を反復疑問文に直しましょう。

① 你做菜吗？ _____

② 汉语难吗？ _____

2 反復疑問文を作文してみましょう。

① 彼は日本にいますか？ _____

② あなたは車を持っていますか？ _____

《 解答 》

1　① 你做不做菜？「あなたは料理をつくりますか？」
　　② 汉语难不难？「中国語は難しいですか？」
2　① 他在不在日本？　② 你有没有汽车？

🎤23

数量を示す単位
量詞

　日本語の助数詞に相当する「〜枚、〜本」などの数量を示す単位が量詞です。語順は「数＋量詞＋名詞」が基本となります。量詞は修飾する名詞によって使い分けます。また「この〇〇」というような場合、「指示代詞＋量詞＋名詞」の語順で表します。

 量詞

リアン　ベン　シュウ
liǎng　běn　shū
两 本 书
2　冊　本

2冊の本

"本" は「冊子体のもの」を数えるときに使う量詞です。「〜の」と訳しますが、中国語には "的" はつけません。また、数量を表すときの「2」は "二 èr" ではなく、"两 liǎng" を使います。

"的"「〜の」はつけないよ。

【 例文 】

あそこに2台の机があります。

ナァール　ヨウ　リアン　ヂャアン　ヂュオヅ
Nàr　yǒu　liǎng　zhāng　zhuōzi.
那儿 有 两 张 桌子。
あそこ　ある　2　台　机

その服はとてもきれいですね！

ナァ　ジエン　イィフ　ヂェン　ピアオリアン　ア
Nà　jiàn　yīfu　zhēn　piàoliang　a!
那 件 衣服 真 漂亮 啊！
その　着　服　本当に　きれい　だ(語気)

よく使う量詞の例

量詞	名詞	
人やものなどに広く使える グァ ge 个	1人 イィ グァ ロェン yí ge rén 一 个 人	2個のリンゴ リアン グァ ピィングゥオ liǎng ge píngguǒ 两 个 苹果
平面的なもの ヂァアン zhāng 张	1枚のチケット イィ ヂァアン ピアオ yì zhāng piào 一 张 票	2台の机 リアン ヂァアン ヂュオヅ liǎng zhāng zhuōzi 两 张 桌子
コップ状の容器 ベイ bēi 杯	1杯のお酒 イィ ベイ ジウ yì bēi jiǔ 一 杯 酒	2杯の水 リアン ベイ シュイ liǎng bēi shuǐ 两 杯 水
車両 リアン liàng 辆	1台の車 イィ リアン チィチョア yí liàng qìchē 一 辆 汽车	2台の自転車 リアン リアン ヅーシィンチョア liǎng liàng zìxíngchē 两 辆 自行车

練習

1 作文してみましょう。

❶ 私はチケットを2枚買います。

❷ あの人は誰ですか？

....

《 解答 》

1　❶ 我买两张票。 出題文では「チケットを2枚」となっていますが、中国語の「数＋量詞＋名詞」の語順は変わりません。

❷ 那个人是谁？ 「あの人」は「指示代詞＋量詞＋名詞」の語順で表現します。

\step2/

第8課～第14課　復習問題

1　（　）内からふさわしいものをひとつ選び、○で囲みましょう。

1. 会社は上海にあります。　公司（在　有）上海。
2. 中に学生がいます。　里边（在　有）学生。
3. あなたは料理が好きですか？　你（好　喜欢）做菜吗？
4. あなたは電子辞書を持っていますか？　你（有不有　在不在　有没有）电子词典？

2　【質問】と【回答】が成立するように、最もふさわしいものをA～Cからひとつ選び、○で囲みましょう。

1. 【質問】A 铃木来不来？　B 谁来？　C 你来不来？
   【回答】<u>他不来</u>。
2. 【質問】A 你有兄弟姐妹吗？　B 妹妹在哪儿？　C 他有妹妹吧？
   【回答】<u>他有一个妹妹</u>。
3. 【質問】<u>几个人</u>？
   【回答】A 日本人。　B 二人。　C 四个人。
4. 【質問】<u>这个菜好吃不好吃</u>？
   【回答】A 非常好吃。　B 我吃这个菜！　C 我不吃。

3　次の単語も参考に作文してみましょう。

イィユエン	ピエンイィ	ヅーシィンチョァ
yīyuàn	piányi	zìxíngchē
医院	便宜	自行车
病院	安い	自転車

1. 私は病院に行くのが好きではありません。　＿＿＿＿＿＿＿＿
2. この本も安いです。　＿＿＿＿＿＿＿＿
3. 彼は自転車を2台持っています。　＿＿＿＿＿＿＿＿

《 解 答 》

1 ❶公司（在）上海。

「会社」が主語で、その所在地を目的語「上海」が表します（⇒Step 2第11課、P.56所在を表す"在"）。

❷里边（有）学生。

場所「中」が主語で、目的語はそこに存在する「学生」です（⇒Step 2第10課、P.54存在を表す"有"）。

❸你（喜欢）做菜吗？

"好"は「好き」ではなく、「よい」という意味の形容詞です。

❹你（有没有）电子词典？

所有の"有"の反復疑問文は"有没有"です。

2 ❶【質問】A 铃木来不来？「鈴木さんは来ますか？」

→【回答】他不来。「彼は来ません」

回答の主語「彼」が成立する質問はAです。

❷【質問】C 他有妹妹吧？「彼は妹がいますよね？」

→【回答】他有一个妹妹。「彼は妹が1人います」

Aは主語が「あなた」で質問しているので注意。

❸【質問】几个人？「何人ですか？」

→【回答】C 四个人。「4人です」

質問の"几"は数量などをたずねる疑問詞です（⇒Step 2第7課、P.46疑問詞疑問文）。Bの「二人」は、中国語では"两个人"となります。

❹【質問】这个菜好吃不好吃？「この料理はおいしいですか？」

→【回答】A 非常好吃。「非常においしいです」

形容詞の反復疑問文です。B、Cはどちらも形容詞について回答していません。

3 ❶我不喜欢去医院。

否定表現は"不喜欢"とします。

❷这本书也很便宜。

「この本」は「指示代詞＋量詞＋名詞」の語順です。「～も安い」は"也"＋"很便宜"にします。

❸他有两辆自行车。

所有表現の文です。数量を表すときの「二」は"两"にします。自転車の量詞は"辆"です。

くり返し復習して、しっかり覚えよう！

位置や向きを表す方位詞

🎤24

位置や向きを表す語句「方位詞」（⇒Step 2 第11課、P.57）には、以下のようなものがあります。

上	下	左	右	
シャアンビエン shàngbian **上边**	シアビエン xiàbian **下边**	ヅゥオビエン zuǒbian **左边**	ヨウビエン yòubian **右边**	
中	外	前	後ろ／うら	
リィビエン lǐbian **里边**	ワイビエン wàibian **外边**	チエンビエン qiánbian **前边**	ホウビエン hòubian **后边**	
東	西	南	北	そば、となり
ドンビエン dōngbian **东边**	シィビエン xībian **西边**	ナンビエン nánbian **南边**	ベイビエン běibian **北边**	バンビエン pángbiān **旁边**

※ "边" の部分を "-边儿 bianr" としたり、"面 miàn" に置き換えることもできる。

これらの方位詞は単独で使うほか、「名詞＋方位詞」という組み合わせで使います。その場合、特に "上" と "里" は「名詞＋"上"」「名詞＋"里"」のように1文字で使われることがよくあります（⇒Step 2 第11課、P.57）。

【 例文 】

外は寒いですか?

ワイビエン レゥン マ
Wàibian lěng ma?

外边 冷 吗？

外　　寒い　か

弟は公園の中にいます。

ディーディ　ヅァイ　ゴンユエン　リ
Dìdi　zài gōngyuán li.

弟弟 在 公园 里。

弟　　いる　公園　　中

また、場所にはならない一般名詞などを場所にする役割もあります。例えば、机は「家具」であり「場所」ではないので、方位詞を使って場所にします。

あなたの本は机にあります。

ニィ　ドァ　シュウ　ヅァイ　ヂュオヅ
Nǐ　de shū zài zhuōzi.

你 的 书 在 桌子。→

あなたの　本　ある　机

あなたの本は机（の上）にあります。

ニィ　ドァ　シュウ　ヅァイ　ヂュオヅ　シャアン
Nǐ　de shū zài zhuōzi shang.

你 的 书 在 桌子 上。

あなたの　本　ある　机　　上

おさえて
おきたい文法

🎤 25

～は、「いつ」…する
時点と動詞

　動詞述語文で特に動作・行為を伴う「時点」と併せて表現するとき、「今日、来年」などの時点は動詞の前に置いて、「主語＋時点＋動詞フレーズ〈動詞＋目的語〉」の語順で表現します。また、時点を特に強調する場合、時点を主語の前に置くこともあります。

時点を表現する動詞述語文

タァ	ジンティエン	ホゥイ	ラオジア
Tā	jīntiān	huí	lǎojiā.
他	今天	回	老家。
彼	今日	帰る	故郷

彼は今日、
故郷に帰ります。

主語 動詞 目的語
今日
今日
主語 動詞 目的語
どちらも
OK！

基本の語順は「主語＋時点＋動詞フレーズ」です。ただし、"今天他回老家"（ジンティエンタァホゥイラオジア）のような「時点＋主語＋動詞フレーズ」の語順でも言えます。

時点は動詞の前に置くよ！

【 例文 】

彼女は6時に起床します。

タァ	リウ ディエン	チィチュアン
Tā	liù diǎn	qǐchuáng.
她	六点	起床。
彼女	6時	起床する

私は夜、食事をしません。

ウオ	ワンシャアン	ブゥ	チー	ファン
Wǒ	wǎnshang	bù	chī	fàn.
我	晚上	不	吃	饭。
私	夜	しない	食べる	ご飯

時点をたずねる場合、文末の"吗"以外に、疑問詞疑問文をよく使います。「いつ」や「何時」といった言い方を覚えておきましょう。このときも疑問詞は、動詞の前に置きます。

時点をたずねる疑問詞疑問文

ニィ　ジィ ディエン　シアバン
Nǐ　jǐ diǎn　xiàbān?

你 几 点 下班？

あなた　何時　退勤する

あなたは何時に退勤しますか？

基本の語順は変わりません。「主語＋時点をたずねる表現＋動詞フレーズ」です。回答では同じく「動詞の前」に時点を置いて答えます。

「時点（疑問詞）＋動詞」という基本の語順は変わらないよ。

【 例文 】

彼らはいつ帰国しますか？

タァメン　シェンマシーホウ　ホウイグゥオ
Tāmen　shénme shíhou　huíguó?

他们 什么时候 回国？

彼ら　いつ　帰国する

あなたは何日に出発しますか？

ニィ　ジィ ハオ　チュウファア
Nǐ　jǐ hào　chūfā?

你 几号 出发？

あなた　何日　出発する

時点をたずねる疑問詞

何日（どの日）	何曜日	何月	何年	202何年
ナァ（イィ）ティエン nǎ(yì)tiān **哪（一）天**	シンチィ ジィ xīngqī jǐ **星期几**	ジィ ユエ jǐ yuè **几月**	ナァ（イィ）ニエン nǎ(yì)nián **哪（一）年**	アルリィンアルジィニエン èr líng èr jǐ nián **二〇二几年**

時点を伴う形容詞述語文

動詞述語文のほか、形容詞述語文にも時点を使うことがあります。この場合も基本は動詞述語文の語順と変わらず、時点は形容詞の前（おかざりの"很"の前）に置きましょう。

例 私は最近忙しいです。

ウオ　ヅゥイジン　ヘン　マァン
Wǒ　zuìjìn　hěn　máng.

我 最近 很 忙。

私　　最近　（とても）忙しい

今、彼らは幸せです。

シエンヅァイ　タァメン　ヘン　シィンフゥ
Xiànzài　tāmen　hěn　xìngfú.

现在 他们 很 幸福。

今　　彼ら　（とても）幸せだ

よく使う時点を表す言葉　※「年月日・曜日・時刻」は巻末付録参照（⇒ P.206～207）。

昨日	今日	明日
ヅゥオティエン zuótiān **昨天**	ジンティエン jīntiān **今天**	ミィンティエン míngtiān **明天**

先週	今週	来週
シャアングァシィンチィ shàng ge xīngqī **上个星期**	ヂェイグァシィンチィ zhèige xīngqī **这个星期**	シアグァシィンチィ xià ge xīngqī **下个星期**

先月	今月	来月
シャアングァユエ shàng ge yuè **上个月**	ヂェイグァユエ zhèige yuè **这个月**	シアグァユエ xià ge yuè **下个月**

去年	今年	来年
チュィニエン qùnián **去年**	ジンニエン jīnnián **今年**	ミィンニエン míngnián **明年**

練習

1 作文してみましょう。

1 私は来週、休みます（放假）。

2 私たちは2時に出発します。

3 あなたは今日、忙しいですよね？

4 彼は来月、帰国しません。

2 中国語の質問に（　）内の語句を使って答えましょう。

1 你现在忙吗？　（不）　　　→

2 他什么时候来日本？　（这个月）→

3 我九点上课，你呢？　（十点）→

4 你哪一天去？　（八号）　　→

5 她星期天在家吗？　（不）　→

‥‥

《 解答 》

1 ❶我下个星期放假。　❷我们两点出发。「2時」は"两点"です。　❸你今天忙吧？
❹他下个月不回国。　※❶〜❹はいずれも時点を文頭に置くことも可能。

2 ❶質問：你现在忙吗？「あなたは今、忙しいですか？」
　　→ 我现在不忙。「私は今、忙しくありません」
❷質問：他什么时候来日本？「彼はいつ日本に来ますか？」
　　→ 他这个月来日本。「彼は今月、日本に来ます」
❸質問：我九点上课，你呢？「私は9時に授業を受けますが、あなたは？」
　　→ 我十点上课。「私は10時に授業を受けます」
❹質問：你哪一天去？「あなたは何日（どの日）に行きますか？」
　　→ 我八号去。「私は8日に行きます」
❺質問：她星期天在家吗？「彼女は日曜日、家にいますか？」
　　→ 她星期天不在家。「彼女は日曜日、家にいません」

🎙26

～は…して…する
連動文

「連動文」とは、1つの主語に続いて、述語となる動詞が2つ以上並ぶ動詞述語文のことです。その動詞は動作が発生する順に並び、それぞれが目的語を伴うこともあります。

連動文①

ウオ	チュイ	マイ	ドォンシ
Wǒ	qù	mǎi	dōngxi.
我	去	买	东西。
私	行く	買う	もの

私は買い物に行きます。

行って買う
または
買いに行く

1つの主語に対して、"去"「行って」→"买"「買う」というように、行う順番で動詞を並べます。
また、「買う」という目的のために前の動作「行く」をしています。

連続性のある動作を表すための表現だよ。

【 例文 】

彼は日本に日本語を学びに来ます。

タァ	ライ	リーベン	シュエ	リーユィ
Tā	lái	Rìběn	xué	Rìyǔ.
他	来	日本	学	日语。
彼	来る	日本	学ぶ	日本語

私は今日、アルバイトに行きます。

ウオ	ジンティエン	チュイ	ダァゴォン
Wǒ	jīntiān	qù	dǎgōng.
我	今天	去	打工。
私	今日	行く	バイトする

連動文には前の動詞が「手段・方法」を表すものもあり、前から順に「(手段・方法)で…する」という意味になります。

連動文②

ウオ ヅゥオ チュワン チュイ シャアンハイ
Wǒ zuò chuán qù Shànghǎi.

我 坐 船 去 上海。

私 乗る 船 行く 上海

私は船で上海に行きます。

船で行く
または
船に乗って行く

前の動詞は「手段・方法」を表すのでよく「～で(…する)」と訳しますが、元の動詞の意味を使って「私は船に乗って上海に行く」という訳もできます。

前の動詞が後の動詞の手段や方法を表しているよ。

【 例文 】

彼らは中国語で話します。

タァメン ヨン ヂョンウェン シュオ ホア
Tāmen yòng Zhōngwén shuō huà.

他们 用 中文 说 话。

彼ら 使う 中国語 話す 話

私はバイクで出勤します。

ウオ チィ モォトゥオチョア シャアンバン
Wǒ qí mótuōchē shàngbān.

我 骑 摩托车 上班。

私 乗る バイク 出勤する

3つの動詞が述語になる例

例 私はバスで京都に旅行に行きます。

ウオ ヅゥオ ダァバァ チュイ ジィンドゥ リュィヨウ
Wǒ zuò dàbā qù Jīngdū lǚyóu.

我 坐 大巴 去 京都 旅游。

私 乗る 大型バス 行く 京都 旅行する

動詞3つの場合でも、基本は「時系列」の並びにするよ。

連動文の否定形

連動文の否定形は1つめの動詞の前に "不" をつけます。

 彼は私の家に遊びに来ません。

<table>
<tr><td>タァ</td><td>ブゥ</td><td>ライ</td><td>ウオ ジア</td><td>ワール</td></tr>
<tr><td>Tā</td><td>bù</td><td>lái</td><td>wǒ jiā</td><td>wánr.</td></tr>
<tr><td>他</td><td>不</td><td>来</td><td>我家</td><td>玩儿。</td></tr>
<tr><td>彼</td><td>しない</td><td>来る</td><td>私 家</td><td>遊ぶ</td></tr>
</table>

私は万年筆で字を書きません。

<table>
<tr><td>ウオ</td><td>ブゥ</td><td>ヨン</td><td>ガァンビィ</td><td>シエ</td><td>ツー</td></tr>
<tr><td>Wǒ</td><td>bú</td><td>yòng</td><td>gāngbǐ</td><td>xiě</td><td>zì.</td></tr>
<tr><td>我</td><td>不</td><td>用</td><td>钢笔</td><td>写</td><td>字。</td></tr>
<tr><td>私</td><td>しない</td><td>使う</td><td>万年筆</td><td>書く</td><td>字</td></tr>
</table>

---

column

連動文の語順を再確認しよう

連動文は、「連続性のある動作（発生順）」や「手段・方法」を表す動作の順番を間違えると、まったく意味が変わるので注意しましょう。

私は車で天津駅に行きます。　手段・方法 "开车" → "去天津站"

<table>
<tr><td>ウオ</td><td>カイ</td><td>チョア</td><td>チュイ</td><td>ティエンジンヂャン</td></tr>
<tr><td>Wǒ</td><td>kāi</td><td>chē</td><td>qù</td><td>Tiānjīn zhàn.</td></tr>
<tr><td>我</td><td>开</td><td>车</td><td>去</td><td>天津站。</td></tr>
<tr><td>私</td><td>運転する</td><td>車</td><td>行く</td><td>天津駅</td></tr>
</table>

私は天津駅に車を運転しに行きます。　"去天津站" → 目的 "开车"

<table>
<tr><td>ウオ</td><td>チュイ</td><td>ティエンジンヂャン</td><td>カイ</td><td>チョア</td></tr>
<tr><td>Wǒ</td><td>qù</td><td>Tiānjīn zhàn</td><td>kāi</td><td>chē.</td></tr>
<tr><td>我</td><td>去</td><td>天津站</td><td>开</td><td>车。</td></tr>
<tr><td>私</td><td>行く</td><td>天津駅</td><td>運転する</td><td>車</td></tr>
</table>

練習

1 作文してみましょう。

① 私は飛行機（飞机）で中国に行きます。

② 彼は図書館（图书馆）に本を読みに行きます。

③ あなたはあそこに何を買いに行くのですか？

④ 私はおはし（筷子）で食べます。

2 中国語の質問に（　）内の語句を使って答えましょう。

① 他坐什么来大学？　（地铁）　　→

② 他现在来你家玩儿吗？　（我家）→

③ 你用什么写字？　（铅笔）　　→

④ 你去哪儿买啤酒？　（便利店）→

· ·

《 解 答 》

1　① 我坐飞机去中国。　② 他去图书馆看书。　③ 你去那儿买什么？　④ 我用筷子吃。

2　① 質問：他坐什么来大学？「彼は何で（何に乗って）大学に来ますか？」

　　　　→ 他坐地铁来大学。「彼は地下鉄で大学に来ます」

　　② 質問：他现在来你家玩儿吗？「彼は今、あなたの家に遊びに来るのですか？」

　　　　→ 他现在来我家玩儿。「彼は今、私の家に遊びに来ます」

　　③ 質問：你用什么写字？「あなたは何で字を書きますか？」

　　　　→ 我用铅笔写字。「私は鉛筆で字を書きます」

　　④ 質問：你去哪儿买啤酒？「あなたはどこにビールを買いに行きますか？」

　　　　→ 我去便利店买啤酒。「私はコンビニにビールを買いに行きます」

🎙27

～は…したい
助動詞"想"(シアン)＋動詞フレーズ

「（主語）は…したい」という願望を伝えるのが助動詞"想"(シアン)です。語順は「"想"(シアン)＋動詞フレーズ〈動詞＋目的語〉」が基本です。「…したくない」という否定の表現は、"不想"(ブゥシアン)を動詞フレーズの前に置きます。

助動詞"想"(シアン)＋動詞フレーズ

ウォ	シアン	ホァ	ウゥロォンチャア
Wǒ	xiǎng	hē	wūlóngchá.
我	想	喝	乌龙茶。
私	したい	飲む	ウーロン茶

私はウーロン茶が飲みたいです。

「したくない」なら動詞の前に"不想"を置く！

主語が三人称で「彼は…したいです」と訳すのに少し違和感がある場合は、「…したいと思っています、…したがっています」などと訳しましょう。

願望を表す表現だよ。

【 例文 】

彼は運動靴を買いたがっています。

タァ	シアン	マイ	ユィンドォンシエ
Tā	xiǎng	mǎi	yùndòngxié.
他	想	买	运动鞋。
彼	したい	買う	運動靴

私は負けたくありません。

ウォ	ブゥ	シアン	シュウ
Wǒ	bù	xiǎng	shū.
我	不	想	输。
私	ない	したい	負ける

「とても…したい」と強調する表現

"想"「…したい」や"喜欢"「…が好きだ」(⇒Step 2第8課、P.50) など
の前に程度を表す副詞"很"を置き、"很想"「とても…したい」、"很喜欢"
「(〜が、〜するのが) とても好きだ」と強調することもできます。

例　私はとても台湾に行きたいです。

ウォ　ヘン　シアン　チュィ　タイワン
Wǒ hěn xiǎng qù Táiwān.

我 很 想 去 台湾。
私　とても　したい　行く　台湾

彼女はその歌手がとても好きです。

タァ　ヘン　シィホワン　ネイグァ　グァーショウ
Tā hěn xǐhuan nèige gēshǒu.

她 很 喜欢 那个 歌手。
彼女　とても　好きだ　その　　　歌手

練習

1 作文してみましょう。

① 私は会社に行きたくないです。

② あなたはタクシーに乗りたいですか?

2 中国語の質問に肯定形で回答してみましょう。

① 你想去中国吗?　　→

② 你想喝咖啡吗?　　→

《 解答 》

1　**①** 我不想去公司。　否定形は"不想"です。

　　② 你想坐出租车吗?　疑問文は文末に"吗"をつければOKです。

2　**①** 質問:你想去中国吗?「あなたは中国に行きたいですか?」

　　　　→ 我想去中国。「私は中国に行きたいです」

　　② 質問:你想喝咖啡吗?「あなたはコーヒーを飲みたいですか?」

　　　　→ 我想喝咖啡。「私はコーヒーを飲みたいです」

🎤28

～は…しなければならない
助動詞 "要" + 動詞フレーズ

　助動詞 "要" は「"要"＋動詞フレーズ〈動詞＋目的語〉」の語順で「…しなければならない」という必要や義務を表します。否定形は "不要" ではなく "不用" で、「…しなくてよい、…する必要はない」という意味になります。

助動詞 "要" + 動詞フレーズ

ウオ	ヤオ	シエ	バオガオ
Wǒ	yào	xiě	bàogào.
我	要	写	报告。
私	しなければならない	書く	レポート

私はレポートを
書かねばなりません。

「しなくてよい」なら動詞の前に "不用" を置く！

「私はレポートを書く必要はない、書かなくてよい」という場合は "不用" を使って "我不用写报告" になります。間違えて "不要" にすると「禁止」になるので注意しましょう（⇒Step 3第23課、P.152）。

必要や義務のニュアンスを表すよ。

【 例文 】

私は会議に参加しなければなりません。

ウオ	ヤオ	ツァンジア	ホウイイィ
Wǒ	yào	cānjiā	huìyì.
我	要	参加	会议。
私	しなければならない	参加する	会議

あなたはお金を払わなくてよいです。

ニィ	ブゥヨン	フゥチエン
Nǐ	búyòng	fù qián.
你	不用	付 钱。
あなた	しなくてよい	支払う お金

"要"には「…したい」という意味もある

助動詞"要"は、願望の"想"より強い意志・要求を含んだ「…したい」という意味を表すこともできます。ただし、否定形は"不要"ではなく"不想"となるので注意しましょう。

例

私はチケットを予約したいです。

Wǒ yào dìng piào.

我 要 订 票。

私　したい　予約する　チケット

あなたは両替えしたいですか?

Nǐ yào huàn qián ma?

你 要 换 钱 吗?

あなた　したい　交換する　お金　か

練習

1 作文してみましょう。

① 彼は帰宅（回家）しなければなりません。

② あなたは心配（担心）しなくてよいです。

2 中国語の質問に①肯定形と②否定形でそれぞれ回答してみましょう。

我明天要来吗?　　→　　①肯定形

　　　　　　　　　→　　②否定形

《 解答 》

1　❶ 他要回家。　　❷ 你不用担心。　否定形は"不用"とします。

2　質問：我明天要来吗?「私は明日、来なければなりませんか?」
　→ ①你明天要来。「あなたは明日、来なければなりません」
　→ ②你明天不用来。「あなたは明日、来る必要はありません」

81

🎤29

～は、「どこで」…する
前置詞 "在"

前置詞 "在^{ツァイ}" は動詞の前に場所と組み合わせて置き、「（場所）で…します」という動作が行われる場所を表すことができます。語順は「前置詞 "在^{ツァイ}" ＋場所＋動詞フレーズ〈述語〉」となります。

前置詞 "在^{ツァイ}"

マァーマ	ヅァイ	インハァン	ゴォンヅゥオ
Māma	zài	yínháng	gōngzuò.
妈妈	**在**	**银行**	**工作。**
母	～で	銀行	働く

母は銀行で
働いています。

「前置詞 "在^{ツァイ}" ＋場所」がその後にくる動作の行われる場所を表して、中心の述語を修飾しています。
この "在^{ツァイ}" は所在を表す述語文（⇒Step 2 第11課、P.56）とは違う構造なので、訳すときにも区別しましょう。

"在^{ツァイ}" は動詞にも前置詞にもなるんだ。

【 例文 】

私たちはここでランチを食べます。

ウオメン	ヅァイ	ヂョアール	チー	ウゥファン
Wǒmen	zài	zhèr	chī	wǔfàn.
我们	**在**	**这儿**	**吃**	**午饭。**
私たち	～で	ここ	食べる	昼ご飯

彼女は売店でミネラルウォーターを買います。

タァ	ヅァイ	シアオマイブゥ	マイ	クアンチュエンシュイ
Tā	zài	xiǎomàibù	mǎi	kuàngquánshuǐ.
她	**在**	**小卖部**	**买**	**矿泉水。**
彼女	～で	売店	買う	ミネラルウォーター

動詞"喜欢"「好きだ」（⇒Step 2第8課、P.50）や助動詞"想"「～したい」（⇒Step 3第3課、P.78）、助動詞"要"「～しなければならない」（⇒Step 3第4課、P.80）と組み合わせる場合、前置詞"在"の前に置きます。

前置詞"在"と助動詞などの組み合わせ

ウォ	シィホワン	ヅァイ	ホァ リ	ヨウヨン
Wǒ	xǐhuan	zài	hé li	yóuyǒng.
我	喜欢	在	河里	游泳。
私	好きだ	～で	川の中	泳ぐ

私は川で泳ぐのが好きです。

"在"以降の文 が 好きだ

「（場所）で…する」ということに対して、好みや願望、義務などを反映することができます。

"在"のいろんな表現を覚えよう。

【 例文 】

私はベッドで寝たいです。

ウォ	シアン	ヅァイ	チュアンシャアン	シュイジアオ
Wǒ	xiǎng	zài	chuáng shang	shuìjiào.
我	想	在	床上	睡觉。
私	したい	～で	ベッドの上	眠る

どの駅で乗り換えねばなりませんか？

ウォ	ヤオ	ヅァイ	ネイガァチャン	ホワン	チョア
Wǒ	yào	zài	nǎige zhàn	huàn	chē?
我	要	在	哪个站	换	车?
私	しなければならない	～で	どの 駅	乗り換える	車輛

「"在"＋時点＋動詞フレーズ〈述語〉」という言い方もあります。

例 彼は授業のときに居眠りします。

タァ	ヅァイ	シャンクァ	ドァ	シーホウ	ダァ	クァシュイ
Tā	zài	shàngkè	de	shíhou	dǎ	kēshuì.
他	在	上课	的	时候	打	瞌睡。
彼	～で	授業を受ける	の	とき		居眠りする

前置詞 "在" を使った文の否定形

前置詞 "在" を使った「動作の発生場所」を否定する場合、"不" は前置詞 "在" の前に置き、「"不在"＋場所＋動詞フレーズ〈述語〉」の語順になります。

 彼は郵便局ではアルバイトしません。

Tā	bú	zài	yóujú	dǎgōng.
タァ	ブゥ	ヅァイ	ヨウジュイ	ダァゴォン

他 不 在 邮局 打工。
彼　しない　〜で　郵便局　アルバイトする

私は喫茶店では宿題をしません。

Wǒ	bú	zài	kāfēitīng	zuò	zuòyè.
ウオ	ブゥ	ヅァイ	カァフェイティン	ヅゥオ	ヅゥオイエ

我 不 在 咖啡厅 做 作业。
私　しない　〜で　　喫茶店　する　宿題

---

column 前置詞 "在" の否定について

前述したように「動作の発生場所」を否定する場合、「"不在"＋場所＋動詞フレーズ〈述語〉」の語順になります。ここでは「その場所での動作の発生」を否定しています。

彼は郵便局ではアルバイトしません。喫茶店でアルバイトします。

他 不 在 邮局 打工，在 咖啡厅 打工。

語順としては否定の "不" を述語動詞の前におくこともできます。ただし、このときは述語の動作自体を否定するものになり、意味が変わります。

私は喫茶店で宿題をしません。喫茶店でランチを食べます。

我 在 咖啡厅 不 做 作业，在 咖啡厅 吃 午饭。

練習

1 作文してみましょう。

1 彼は部屋（房间里）でテレビを見ます。

_____

2 彼はネット（网上）でチケットを予約します。

_____

3 あなたはどこで働きたいですか？

_____

4 私はソファー（沙发上）では寝ません。

_____

2 中国語の質問に（　）内の語句を使って答えましょう。

1 他在大学学什么？ （经济学）　→ _____

2 你在家里做作业吗？ （不）　→ _____

3 你在哪里休息？ （这儿）　→ _____

4 你喜欢在咖啡厅看书吗？ （很）→ _____

....

《 解答 》

1 **1** 他在房间里看电视。　**2** 他在网上订票。　**3** 你想在哪儿工作？
　　4 我不在沙发上睡觉。

2 **1** 質問：他在大学学什么？「彼は大学で何を学んでいますか？」
　　　　→ 他在大学学经济学。「彼は大学で経済学を学んでいます」
　　2 質問：你在家里做作业吗？「あなたは家で宿題をやりますか？」
　　　　→ 我不在家里做作业。「私は家では宿題をやりません」
　　　　　※我在家里不做作业。「私は家で宿題をやりません」も可。
　　3 質問：你在哪里休息？「あなたはどこで休憩しますか？」
　　　　→ 我在这儿休息。「私はここで休憩します」
　　4 質問：你喜欢在咖啡厅看书吗？「あなたは喫茶店で本を読むのが好きですか？」
　　　　→ 我很喜欢在咖啡厅看书。「私は喫茶店で本を読むのがとても好きです」
　　　　　"很喜欢"で「とても好きだ」となります（⇒Step 3 第3課、P.79）。

～は、「だれに」…する
前置詞 "给"
ゲイ

前置詞 "给" は、「主語＋ "给" ＋（事物や利益などを受ける人）＋動詞フレーズ〈動詞＋目的語〉」の語順で「～は（人）に～を…する／してあげる」という授与関係を表します。

前置詞 "给"
ゲイ

ウオ	ゲイ	ニィ	ダオ	チャア
Wǒ	gěi	nǐ	dào	chá.
我	给	你	倒	茶。
私	～に	あなた	つぐ	お茶

私はあなたにお茶を入れます。

「前置詞 "给" ＋人」でその動作・行為の対象を導きます。ここでは対象の "你" に「お茶を入れる」という授与関係を表しています。

「（人）に…してあげる」という言い方だよ。

【 例文 】

私は彼女にご飯をつくります。

ウオ	ゲイ	タァ	ヅオ	ファン
Wǒ	gěi	tā	zuò	fàn.
我	给	她	做	饭。
私	～に	彼女	つくる	ご飯

私は夜、あなたに電話をします。

ウオ	ワンシャアン	ゲイ	ニィ	ダァ	ディエンホア
Wǒ	wǎnshang	gěi	nǐ	dǎ	diànhuà.
我	晚上	给	你	打	电话。
私	夜	～に	あなた	かける	電話

前置詞"给"の前に、動詞"喜欢"「好きだ」（⇒Step 2第8課、P.50）や助動詞
"想"「〜したい」（⇒Step 3第3課、P.78）、助動詞"要"「〜しなければならな
い」（⇒Step 3第4課、P.80）などを組み合わせて、いろいろな表現ができます。

前置詞 "给" と助動詞などの組み合わせ

ウオ	シアン	ゲイ	ニュィポンヨウ	マイ	ホアール
Wǒ	xiǎng	gěi	nǚpéngyou	mǎi	huār.
我	想	给	女朋友	买	花儿。
私	したい	〜に	ガールフレンド	買う	花

私はガールフレンドに花を買ってあげたいです。

「主語＋"给"＋人（対象）＋動詞フレーズ」の語順で「対象者に…してあ
げる」という授与関係にも「願望」などが反映できます。

「（人）に…したい」という言い方だよ。

【 例文 】

彼のおばあちゃんは彼にマッサージするのが好きです。

タァ	ナイナイ	シィホワン	ゲイ	タァ	アンモォ
Tā	nǎinai	xǐhuan	gěi	tā	ànmó.
他	奶奶	喜欢	给	他	按摩。
彼	祖母	好きだ	〜に	彼	マッサージする

彼は毎日、私にEメールを送ってくれます。

タァ	メイティエン	ゲイ	ウオ	ファア	ディエンヅーヨウジエン
Tā	měitiān	gěi	wǒ	fā	diànzǐ yóujiàn.
他	每天	给	我	发	电子邮件。
彼	毎日	〜に	私	送る	Eメール

※「前置詞"给"＋"我"＋動詞フレーズ」の語順で、動作・行為の対象を「私」にすると「〜は私に…してくれる、
　してもらう」という意味になる。

前置詞 "给" を使った文の否定形

前置詞 "给" を使った表現の否定形は、"不" を前置詞 "给" の前に置き、「"不给"＋対象（人）＋動詞フレーズ〈動詞＋目的語〉」の語順で「～は（人）に…しない、してあげない」という意味を表します。

例 私は彼にセーターを編みません。

Wǒ bù gěi tā dǎ máoyī.

ウオ ブゥ ゲイ タァ ダァ マオイィ

我 不 给 他 打 毛衣。

私 しない ～に 彼 編む セーター

彼は私に中国語の歌を歌ってくれません。

Tā bù gěi wǒ chàng Zhōngwén gē.

タァ ブゥ ゲイ ウオ チャアン ヂォンウェングァ

他 不 给 我 唱 中文歌。

彼 しない ～に 私 歌う 中国語の歌

---

column

さまざまな意味を持つ動詞 "打"

日本語と違い、中国語の "打" はさまざまな意味を持ちます。「電話をかける」"打电话"、「セーターを編む」"打毛衣" など、動詞 "打" を使った動詞フレーズをいくつか紹介しましょう。

文字を入力する	タマゴを割る	トランプをする	マージャンをする
ダァ ツー dǎ zì **打字**	ダァ ジィダン dǎ jīdàn **打鸡蛋**	ダァ ブゥクァ dǎ pūkè **打扑克**	ダァ マァジアン dǎ májiàng **打麻将**

注射を打つ	あいさつをする	タクシーに乗る	水をくむ
ダァ ヂェン dǎ zhēn **打针**	ダァ ヂャオフ dǎ zhāohu **打招呼**	ダァ チョァ dǎ chē **打车**	ダァ シュイ dǎ shuǐ **打水**

練習

1 作文してみましょう。

1 私は母さんにプレゼント（礼物）を買います。

2 あなたは誰に電話をかけますか？

3 私は今、先生にＥメールを送ります。

4 私はお客さん（客人）にお茶を入れます。

2 中国語の質問に（　　）内の語句を使って答えましょう。

1 你给我做什么菜？ （中国菜） →

2 谁给你洗衣服？ （哥哥） →

3 你想给孩子买什么？ （智能手机）
→

4 我今天要给爸爸打电话吗？ （不）
→

....

《 解答 》

1 ❶ 我给妈妈买礼物。　❷ 你给谁打电话？　❸ 我现在给老师发电子邮件。
❹ 我给客人倒茶。

2 ❶ 質問：你给我做什么菜？「あなたは私に何料理をつくってくれますか？」
→ 我给你做中国菜。「私はあなたに中国料理をつくります」
❷ 質問：谁给你洗衣服？「誰が（あなたに）洗濯をしてくれるのですか？」
→ 哥哥给我洗衣服。「兄が（私に）洗濯をしてくれます」
❸ 質問：你想给孩子买什么？「あなたは子どもに何を買ってあげたいですか？」
→ 我想给孩子买智能手机。「私は子どもにスマートフォンを買ってあげたいです」
❹ 質問：我今天要给爸爸打电话吗？「私は今日、父さんに電話をかけなければなりません
か？」
→ 你今天不用给爸爸打电话。「あなたは今日、父さんに電話をかけなくてよいです」

🎤 31

～はちょっと…する
「ちょっと」の表現

動詞や形容詞を述語とする文の「ちょっと…する」「ちょっと…だ」という表現を学びます。「ちょっと」という訳のとおり、動詞の場合は動作する時間が短いことを表し、相手に気軽にその動作を勧める言い方にもなります。

動詞の「ちょっと」の表現

ニィ Nǐ	カンカン kànkan	バ ba.
你	看看	吧。
あなた	ちょっと見る	してください

ちょっと見てください。

同じ動詞を重ねて「ちょっと…する」という意味になり、これを「動詞の重ね型」と言います。相手に気軽にその動作を促すニュアンスを加えられます。

単音節の動詞の場合、後ろの動詞は軽声で発音するよ。

【 例文 】

ちょっと味見してください。

ニィ Nǐ	チャアンチャアン chángchang	バ ba.
你	尝尝	吧。
あなた	ちょっと味わう	してください

ちょっと相談しましょう。

ウオメン Wǒmen	シャアンリアン シャアンリアン shāngliangshāngliang	バ ba.
我们	商量商量	吧。
私たち	ちょっと相談する	しましょう

　形容詞を使った「ちょっと～である」という表現は、「"有点儿^{ヨウディアル}"＋形容詞」の語順になります。また、話し手の思い通りではない、好ましくないというニュアンスを表します。

形容詞の「ちょっと」の表現

ジンティエン
Jīntiān
今天
今日

ヨウディアル
yǒudiǎnr
有点儿
ちょっと

レゥン
lěng.
冷。
寒い

今日は少し寒いです。

主語　形容詞
ちょっと

「"有点儿^{ヨウディアル}"＋形容詞」は「ちょっと…だ、いささか…である」というような、主観的にみてマイナスなイメージを表します。

話し手にとって、好ましくない「ちょっと」だよ。

【　例文　】

この料理はちょっと塩辛いです。

チェイグァ　ツァイ　ヨウディアル　シエン
Zhèige　cài　yǒudiǎnr　xián.
这个　菜　有点儿　咸。
この　料理　ちょっと　塩辛い

のどがちょっと痛いです。

サァンヅ　ヨウディアル　テゥン
Sǎngzi　yǒudiǎnr　téng.
嗓子　有点儿　疼。
のど　ちょっと　痛い

　このほか、比較の差を表す「形容詞＋"一点儿^{イィディアル}"」などもあります。単純に何かと比較しての差を表し、特にマイナスイメージは伴いません。

例　ちょっと（値段が）高いです。

グゥイ　イィディアル
Guì　yìdiǎnr.
贵　一点儿。
高い　ちょっと

そのほかの「ちょっと…する」の表現

そのほかの「ちょっと…する」の表現を確認します。いずれも動作の短さを表し、「試しにやってみる、気軽にしてみる」など相手に促すニュアンスを含みます。

●単音節の動詞には、重ね型の間に "一" を置くこともある

ちょっと方法を考えてみます。

ウォ　シアンイシアン　バンファア
Wǒ　xiǎngyixiǎng　bànfǎ.

我　想 一 想　办法。

私　ちょっと考える　方法

ちょっと待ってください。

ニィ　デゥンイデゥン
Nǐ　děngyiděng.

你 等 一 等。

あなた ちょっと待つ

●短い時間量を表す "一下"、少ない数量を表す "一点儿" との組み合わせ

「動詞＋"一下"」

ちょっと辞書を引いてみます。

ウォ　チャア　イィシア　ツーディエン
Wǒ　chá　yíxià　cídiǎn.

我 查　一 下　词典。

私　引く ちょっと（の時間）辞書

「動詞＋"一点儿"」

ちょっと水を飲みなさい。

ニィ　ホァア　イィディアル　シュイ　バ
Nǐ　hē　yìdiǎnr　shuǐ　ba.

你 喝 一点儿 水 吧。

あなた 飲む ちょっと（の）水 なさい

練習

1 作文してみましょう。❶❷は動詞の重ね型で答えてください。

❶ ちょっと飲んでください（吧）。

❷ ちょっとギョーザを味見してみます。

❸ 私は少し忙しいです。

❹ ここはちょっと暑いです。

2 中国語の文が成立するように、語群から適当な語句をひとつずつ選んで（　）内を穴埋めしましょう。同じ語句は一度しか使えません。

語群：　　一　　　有点儿　　　一下

❶ 这辆自行车（　　　　）贵。

❷ 你去看（　　　　）。

❸ 我听（　　　　）听。

· ·

《 解答 》

1 ❶你喝（一）喝吧。　❷我尝（一）尝饺子。「味わう」は"尝"がふさわしいですが、動詞を"吃"「食べる」にしてもOKです。　❸我有点儿忙。　❹这儿有点儿热。

2 ❶这辆自行车（有点儿）贵。「この自転車はちょっと（値段が）高い」

　❷你去看（一下）。「ちょっと見に行ってください」
　連動文（⇒Step 3第2課、P.74）も含んでいます。

　❸我听（一）听。「ちょっと聞いてみます」

いろいろなニュアンスの「ちょっと、少し」を使いこなせるようになろう！

🎤 32

～は…している
進行を表す"在"

　述語となる動詞の前に副詞"在"を置き、「主語＋"在"＋動詞フレーズ＋（呢）」の語順で「～は…している」という動作の進行を表します。進行を表す"在"は、よく文末に"呢"を伴うことがあります。

進行を表す"在"

タァメン　ヅァイ　カイホゥイ　ヌァ
Tāmen　zài　kāihuì　ne.

他们 在 开会 呢。 彼らは会議をしています。

彼ら　　会議する

～している

"在~呢"で「～している」という動作の進行を表します。つまり「彼らは会議中です」という意味です。

動詞の前に"在"を置くだけでも進行は表せるよ。

【 例文 】

子どもはゲームで遊んでいます。

ハイヅ　ヅァイ　ワァール　ヨゥシィ　ヌァ
Háizi　zài　wánr　yóuxì　ne.

孩子 在 玩儿 游戏 呢。
子ども　　遊ぶ　ゲーム

～している

彼は小説を読んでいます。

タァ　ヅァイ　カン　シアオシュオ
Tā　zài　kàn xiǎoshuō.

他 在 看 小说。
彼　～している　読む　小説

"正在～呢"もよく使われます。"正在"は「ちょうど～しているところです」という意味で、やはり文末に"呢"をつけることがあります。また、文末の"呢"だけでも「～している」という状態を表せます。

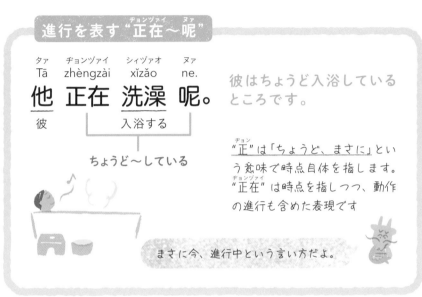

進行を表す"正在～呢"

タァ	ヂョンヅァイ	シィヅァオ	ヌァ
Tā	zhèngzài	xǐzǎo	ne.
他	正在	洗澡	呢。
彼		入浴する	

ちょうど～している

彼はちょうど入浴しているところです。

"正"は「ちょうど、まさに」という意味で時点自体を指します。"正在"は時点を指しつつ、動作の進行も含めた表現です

まさに今、進行中という言い方だよ。

【 例文 】

私はちょうど食事をつくっているところです。

ウオ	ヂョンヅァイ	ヅゥオ	ファン	ヌァ
Wǒ	zhèngzài	zuò	fàn	ne.
我	正在	做	饭	呢。
私		つくる	ご飯	

ちょうど～している

彼らは部屋を片づけています。

タァメン	ショウシ	ファアンジエン	ヌァ
Tāmen	shōushi	fángjiān	ne.
他们	收拾	房间	呢。
彼ら	片づける	部屋	～している

進行を表す副詞"在"の否定形は"没"を"在"の前に置き、「"没在"＋動詞フレーズ」の語順で「…していません」という意味になります。

私は食器を洗っていません。

ウオ	メイ	ヅァイ	シィ	ワン
Wǒ	méi	zài	xǐ	wǎn.
我	没	在	洗	碗。
私	していない		洗う	おわん

彼は復習していません。

タァ	メイ	ヅァイ	フゥシィ
Tā	méi	zài	fùxí.
他	没	在	复习。
彼	していない		復習する

動詞、前置詞、副詞、3つの"在"

これまでに紹介してきた、3つの"在"をまとめて確認しましょう。

① 動詞"在"（⇒Step 2 第11課、P.56）

述語となり、「～にいる、ある」という意味になります。

例 私は大学にいます。

ウオ　ヅァイ　ダアシュエ
Wǒ zài dàxué.

我 在 大学。

私　いる　　大学

財布は机の上にあります。

チエンバオ　ヅァイ　ヂュオヅ　シャアン
Qiánbāo zài zhuōzi shang.

钱包 在 桌子 上。

財布　ある　机　　上

② 前置詞"在"（⇒Step 3 第5課、P.82）

述語の前に「"在"＋場所」の形で「～で（…する）」という動作の発生場所を示します。

例 私は大学で中国語を学びます。

ウオ　ヅァイ　ダアシュエ　シュエ　ハンユィ
Wǒ zài dàxué xué Hànyǔ.

我 在 大学 学 汉语。

私　～で　大学　学ぶ　中国語

私は公園であなたを待ちます。

ウオ　ヅァイ　ゴォンユエン　デゥン　ニィ
Wǒ zài gōngyuán děng nǐ.

我 在 公园 等 你。

私　～で　公園　　待つ　あなた

③ 副詞"在"（⇒Step 3 第8課、P.94）

述語となる動詞の前に置かれ、「"在"＋動詞フレーズ」で「…している」という進行を表します。

例 私は中国語を学んでいます。

ウオ　ヅァイ　シュエ　ハンユィ
Wǒ zài xué Hànyǔ.

我 在 学 汉语。

私　～している　学ぶ　中国語

彼は仕事を探しています。

タァ　ヅァイ　ヂャオ　ゴォンヅゥオ
Tā zài zhǎo gōngzuò.

他 在 找 工作。

彼　～している　探す　仕事

練習

1 "正在~呢" を使って作文してみましょう。

❶ 留学生はちょうど日本語を勉強しているところです。

❷ ちょうど何を書いているところですか？

❸ 私はちょうど会議をしているところです。

❹ 私はちょうどみんな（大家）に日本料理をつくっているところです。

2 中国語の質問に（　）内の語句を使って答えましょう。

❶ 你在包饺子吗？ （呢）　　　→

❷ 他在做什么呢？ （作业）　　→

❸ 你正在看什么呢？ （漫画）　→

❹ 你在画画儿吗？ （没）　　　→

....

《 解答 》

1　❶ 留学生正在学日语呢。　　❷ 你正在写什么呢？　　❸ 我正在开会呢。
　　❹ 我正在给大家做日本菜呢。

2　❶ 質問：你在包饺子吗？「あなたはギョーザをつくっていますか？」
　　　　→ 我在包饺子呢。「私はギョーザをつくっています」
　　❷ 質問：他在做什么呢？「彼は何をしていますか？」
　　　　→ 他在做作业呢。「彼は宿題をしています」
　　❸ 質問：你正在看什么呢？「あなたはちょうど何を読んでいるところですか？」
　　　　→ 我正在看漫画呢。「私はちょうど漫画を読んでいるところです」
　　❹ 質問：你在画画儿吗？「あなたは絵を描いていますか？」
　　　　→ 我没在画画儿。「私は絵を描いていません」

Step3　おさえておきたい文法

第1課〜第8課　復習問題

1　（　）内からふさわしいものをひとつ選び、〇で囲みましょう。

① あなたは行かねばなりませんか？　　　　你（要　想）去吗？

② これはちょっと辛いです。　　　　　　　这个（一点儿　有点儿）辣。

③ 私はアニメを見ています。　　　　　　　我在看动漫（吗　呢）。

④ 彼は私にプレゼントを買ってくれます。　他（给　要）我买礼物。

2　中国語の文が成立するように（　）内の語句を正しく並べ替えましょう。

① 私は明日、東京に映画を見に行きます。

（我　电影　看　东京　去　明天　。）　＿＿＿＿＿＿＿＿＿＿

② 私はここでちょっと休憩したいです。

（休息　想　这儿　在　我　一下　。）　＿＿＿＿＿＿＿＿＿＿

③ 私はちょっと買い物をしなければなりません。

（我　一点儿　要　东西　买　。）　＿＿＿＿＿＿＿＿＿＿

3　中国語の質問に（　）内の語句を使って答えましょう。

① 你现在给谁打电话？（爸爸）　＿＿＿＿＿＿＿＿＿＿

② 你想回老家吗？（很）　＿＿＿＿＿＿＿＿＿＿

4　作文してみましょう。

① 彼はちょうどアルバイトしているところです。

＿＿＿＿＿＿＿＿＿＿

② 私は自転車で大学に行きます。

＿＿＿＿＿＿＿＿＿＿

③ あなたはどこでランチを食べたいですか？

＿＿＿＿＿＿＿＿＿＿

《 解答 》

1 ❶你（要）去吗？
　　助動詞"要"は、義務や必要のニュアンスを表します（⇒Step 3第4課、P.80）。
　❷这个（有点儿）辣。
　　形容詞にマイナスイメージを伴う「ちょっと」の表現です（⇒Step 3第7課、P.91）。
　❸我在看动漫（呢）。
　　動作の進行を表すとき、"在"と併せて文末に使われるのは"呢"です（⇒Step 3第8
　　課、P.94）。
　❹他（给）我买礼物。
　　プレゼントを買ってもらう対象を導くのは"给"です（⇒Step 3第6課、P.86）。

2 ❶我明天去东京看电影。
　　まず「東京に行き」、「映画を見る」という連動文です（⇒Step 3第2課、P.74）。時
　　点の位置にも注意。
　❷我想在这儿休息一下。
　　助動詞"想"は前置詞"在"の前に置きます（⇒Step 3第5課、P.83）。
　❸我要买一点儿东西。
　　少量を表す"一点儿"を使った「ちょっと」の表現です（⇒Step 3第7課、P.92）。

3 ❶質問：你现在给谁打电话？「あなたは今、誰に電話をかけますか？」
　　　→ 我现在给爸爸打电话。「私は今、お父さんに電話をかけます」
　❷質問：你想回老家吗？「あなたは故郷に帰りたいですか？」
　　　→ 我很想回老家。「私はとても故郷に帰りたいです」

4 ❶他正在打工呢。
　　「ちょうど～しているところです」は"正在～呢"で進行を表します。
　❷我骑自行车去大学。
　　「自転車で」は「自転車に乗って」とも訳せます。バイクや自転車など「またがって
　　乗る」場合の動詞は"骑"です。
　❸你想在哪儿吃午饭？
　　助動詞"想"は前置詞"在"の前に置きましょう。

しっかり復習して習ったことを定着させよう！

🎤33

～は…している
持続を表す“着”

「動作の結果や状態の持続」のニュアンスを表すのが助詞“着^{チョァ}”です。「動詞＋“着^{チョァ}”」の語順で「…している、…してある」という意味を表現することができます。

持続を表す“着^{チョァ}”

タァ　　チャアンヂョァ　　グァール
Tā　　chàngzhe　　gēr.

他　唱着　歌儿。　　彼は歌を歌っています。

彼　歌う　〜ている　歌

「歌を歌う」状態が
続いている！

「動詞＋“着^{チョァ}”」で動作の結果や状態が、
そのまま持続していることを表します。

日本語と違って、「歌を」という
目的語を入れるよ！

【 例文 】

私は彼を待っています。

ウオ　デゥンヂョァ　タァ
Wǒ　děngzhe　tā.

我　等着　他。

私　待つ　〜ている　彼

ドアが開いています。

メン　カイヂョァ
Mén　kāizhe.

门　开着。

ドア　開く　〜ている

持続の表現の否定形

　持続表現の否定形には2通りあります。①「動作」の持続を否定する場合は、「"没"＋動詞」として、"着"は取ります。②「状態」の持続を否定する場合は、「"没"＋動詞＋"着"」とします。

例　私は音楽を聞いていません。

ウオ	メイ	ティン	インユエ
Wǒ	méi	tīng	yīnyuè.
我	没	听	音乐。
私	〜していない	聞く	音楽

ライトはついていません。

デゥン	メイ	カイヂョア
Dēng	méi	kāizhe.
灯	没	开着。
電灯	ない	つく〜ている

　連動文（⇒Step 3第2課、P.75）で、前の動詞の後ろに"着"を置き「動詞①＋"着"＋動詞②」の語順で「〜しながら（〜した状態のまま）…する」という意味を表すことができます。

動詞＋"着"＋動詞

ラオシー	ヂャンヂョア	シャアンクァ
Lǎoshī	zhànzhe	shàngkè.
老师	站着	上课。
先生	立つ〜ている	授業をする

先生は立って授業をします。

「立った」状況のまま授業する！

前の動作の結果・状態が持続した状況で、後の動詞が行われることを表します。

「〜しながら、〜のまま…する」という言い方だよ。

【 例文 】

彼は寝そべって漫画を読みます。

タァ　　　タァンヂョア　　カン　　マンホア
Tā　　　tǎngzhe　　kàn　mànhuà.

他　躺着　看　漫画。

彼　横になる　〜ている　読む　漫画

私は歩いて行きます。

ウオ　　ヅォウヂョア　　チュイ
Wǒ　　zǒuzhe　　qù.

我　走着　去。

私　歩く　〜ている　行く

「持続の表現」と「進行の表現」

　持続を表す“着”と進行を表す“在”（⇒Step 3第8課、P.94）はどちらも似た意味を表しますが、そのニュアンスの違いを確認しておきましょう。

① 「着た」動作の結果・状態が持続しています。「水着を着用済み」というニュアンスです。

彼は水着を着ています。（→すでに着ている）

タァ　　チュワンヂョア　　ヨンイィ
Tā　　chuānzhe　　yǒngyī.

他　穿着　泳衣。

彼　着る　〜ている　水着

② 「着る」動作が現在も進行しています。「着替え中」というニュアンスです。

彼は水着を着ています。（→着ているところだ）

タァ　ヅァイ　　チュワン　ヨンイィ
Tā　zài　　chuān yǒngyī.

他　在　穿　泳衣。

彼　〜している　着る　水着

③ 進行の表現“在”と持続の表現“着”は同時に併用できます。

私はちょうど絵を描いているところです。

ウオ　ヂョンヅァイ　　　ホアヂョア　　ホアアール　ヌァ
Wǒ　zhèngzài　　huàzhe　　huàr　　ne.

我　正在　画着　画儿　呢。

私　　　　　描く　〜ている　絵

ちょうど〜している

練習

1 日本語の意味に合うように（　）内の語句を正しく並べかえましょう。

❶ 私は音楽を聞いています。（　我　音乐　着　听　。　）

❷ ドアは開いていません。（　门　开　没　着　。　）

❸ 彼は歩いて来ます。（　他　来　走　着　。　）

❹ 私は座って新聞を読みます。（　我　看　着　坐　报　。　）

2 中国語の質問に肯定形で答えましょう。

❶ 爸爸做着饭吗？　　　　→

❷ 她开着车吗？　　　　　→

❸ 你躺着看书吗？　　　　→

❹ 你走着去学校吗？　　　→

《 解答 》

1　❶我听着音乐。　❷门没开着。　❸他走着来。　❹我坐着看报。

2　❶質問：爸爸做着饭吗？「父さんはご飯をつくっていますか？」
　　　→ 爸爸做着饭。「父さんはご飯をつくっています」
　❷質問：她开着车吗？「彼女は車を運転していますか？」
　　　→ 她开着车。「彼女は車を運転しています」
　❸質問：你躺着看书吗？「あなたは寝そべって読書しますか？」
　　　→ 我躺着看书。「私は寝そべって読書します」
　❹質問：你走着去学校吗？「あなたは歩いて学校に行きますか？」
　　　→ 我走着去学校。「私は歩いて学校に行きます」
　　❸❹は「～しながら…する」という付帯状況の表現です。

🎙34

～は…しました
助詞 "了^{ルァ}" ①

助詞 "了^{ルァ}" は主に動詞の後ろに置かれたとき「その動作の実現や完了」などを表し、「～は…しました」という意味になります。語順は目的語がない場合はそのまま「動詞＋"了^{ルァ}"」で、目的語がある場合は「動詞＋目的語＋"了^{ルァ}"」となります。

動作の実現や完了を表す"了^{ルァ}"

タァ　　ダオ　　ルァ
Tā　　dào　　le.

他　到　了。

彼　到着する　～した

彼は着きました。

~しました

助詞 "了^{ルァ}" を使うと、彼が "到^{ダオ}" 「到着する」という<u>動作を実現・完了させた</u>ことを表せます。

"了^{ルァ}" は「完了の了」と覚えよう！

【 例文 】

あなたはズボンを買いましたか？

ニィ　マイ　クゥヅ　ルァ　マ
Nǐ　mǎi　kùzi　le　ma?

你　买　裤子　了　吗?

あなた　買う　ズボン　～した　か

私は昨日、映画を見ました。

ウオ　ヅゥオティエン　カン　ディエンイィン　ルァ
Wǒ　zuótiān　kàn　diànyǐng　le.

我　昨天　看　电影　了。

私　昨日　見る　映画　～した

動作の実現・完了を表す"了(ルァ)"の否定は、「"没(メイ)"＋動詞」という表現になります。これで「～していない、しなかった」という意味を表します。このとき、動詞の後や文末の"了(ルァ)"は使いませんので注意しましょう。

動作の実現や完了の否定

タァ　　　メイ　　シャアンバン
Tā　　　méi　　shàngbān.

她　　没　　上班。　彼女は出勤していません。

彼女　～していない　出勤する

否定形では"没(メイ)"を使い「～していない、しなかった」という意味を表します。このとき"了(ルァ)"を取ることを忘れないようにしましょう。

文末の"了"は
入らない！

実現や完了を否定するのは"没(メイ)"だよ。

【 例文 】

彼はまだ寝ていません。

タァ　　ハイ　　メイ　シュイジアオ
Tā　　hái　　méi　shuìjiào.

他　还　　没　　睡觉。

彼　まだ　～していない　眠る

私は今日、美容院に行きませんでした。

ウオ　ジンティエン　メイ　　チュイ　メイファアティン
Wǒ　jīntiān　　méi　　qù　　měifàtīng.

我　今天　　没　　去　　美发厅。

私　今日　～していない　行く　　美容院

"了(ルァ)"の反復疑問文（⇒ Step 2 第13課、P.62）は以下のようになります。

あなたはお酒を飲みましたか？

ニィ　ホァ　ジウ　ルァ　メイヨウ
Nǐ　hē　jiǔ　le　méiyou?

你　喝　酒　了　没有？

あなた　飲む　酒　～した　～していない

ニィ　ホァ　メイ　ホァ　ジウ
Nǐ　hē　méi　hē　jiǔ?

你　喝　没　喝　酒？

あなた　飲む　～していない　飲む　酒

文中に“了”を置く場合（2通り）

A：目的語が名詞単独ではなく、その前に数量などの修飾語がつく場合、“了”は文末ではなく動詞の直後に置きます。

例 彼はリンゴを2個買いました。

タァ　　マイルァ　　リアン　グァ　ビィングゥオ
Tā　　mǎile　　liǎng ge píngguǒ.

他　买了　两 个 苹果。

彼　買う ～した　2　個　リンゴ

私は図書館で本を3冊借りました。

ウオ　ヅァイ　トゥシュウグワン　ジエルァ　　サン　ベン　シュウ
Wǒ　zài　túshūguǎn　jièle　　sān běn shū.

我 在 图书馆 借了 三 本 书。

私　～で　図書館　借りる ～した　3　冊　本

B：後ろにさらに違う述語をつなげる場合、前の述語動詞を「完了」させてから次の動作に移ります。

例 私は授業が終わってからアルバイトしに行きます。

ウオ　シアルァ　　クァ　チュィ　ダァゴォン
Wǒ　xiàle　　kè　qù　dǎgōng.

我 下了 课 去 打工。

私 終わる ～した　授業　行く アルバイトする

“不”と“没”のニュアンスの違い

動詞を否定するときよく使われる“不”と、今回の“了”を否定する“没”との違いを確認しておきましょう。意思を否定する場合は“不”、まだ完了していないことを否定する場合は“没”を使います。

例 私はお酒を飲みません。

ウオ　ブゥ　ホァ　ジウ
Wǒ　bù　hē jiǔ.

我 不 喝 酒。

私 しない 飲む お酒

※「私はお酒を飲む」という意思の否定。

私はお酒を飲みませんでした。

ウオ　メイ　ホァ　ジウ
Wǒ　méi　hē jiǔ.

我 没 喝 酒。

私 ～していない 飲む お酒

※客観的事実としての動作の実現・完了の否定。

106

練習

1 作文してみましょう。

① 彼女は北京に行きました。

② 彼は今日、お酒を飲んでいません。

③ 私はまだ（还）宿題をしていません。

④ 私は本を 2 冊読みました。

2 中国語の質問に（　）内の語句を使って答えましょう。

① 他来了吗？　（没）　　　→

② 你昨天学什么了？　（汉语）　→

③ 他去哪儿了？　（超市）　→

④ 你买了几个面包？　（两）　→

《 解答 》

1　① 她去北京了。　② 他今天没喝酒。　③ 我还没做作业。
　　②③：動作の実現・完了を表す"了"の否定は"没"。"了"は不要です。
　　④ 我看了两本书。「2冊」という修飾語があるので動詞の直後に"了"を置きます。

2　① 質問：他来了吗？「彼は来ましたか？」
　　　→ 他（还）没来。「彼は（まだ）来ていません」
　　② 質問：你昨天学什么了？「あなたは昨日、何を勉強しましたか？」
　　　→ 我昨天学汉语了。「私は昨日、中国語を勉強しました」
　　③ 質問：他去哪儿了？「彼はどこに行きましたか？」
　　　→ 他去超市了。「彼はスーパーに行きました」
　　④ 質問：你买了几个面包？「あなたはパンをいくつ買いましたか？」
　　　→ 我买了两个面包。「私はパンを2個買いました」

🎤35

～は…になりました
助詞"了"②

助詞"了"は動作の実現や完了のほか、動詞文の文末に置いて、特に文全体に「状態の変化・新しい状況の出現」のニュアンスを加えることができます。「…になりました、なった」という意味を表します。

変化の"了"①

アルヅ　シー　ダァシュエション　ルァ
Érzi　shì　dàxuéshēng　le.

儿子 是 大学生 了。
息子　である　大学生　なった

息子は大学生になりました。

「 文 」+"了"で「文」のような新たな状況が出現したことを表します。「…でした」という意味ではないので注意してください。

文全体に変化のニュアンスを与える表現だよ。

【 例文 】

彼女はボーイフレンドができました。

タァ　ヨウ　ナンポンヨウ　ルァ
Tā　yǒu　nánpéngyou　le.

她 有 男朋友 了。
彼女　いる　ボーイフレンド　なった

私はパクチーが好きになりました。

ウオ　シィホワン　チー　シアンツァイ　ルァ
Wǒ　xǐhuan　chī　xiāngcài　le.

我 喜欢 吃 香菜 了。
私　好きだ　食べる　パクチー　なった

助詞"了"は形容詞、助動詞を使った文や動詞文の否定形との組み合わせでも「状態の変化・新しい状況の出現」のニュアンスを表すことができ、「…になりました、なった」という意味になります。

変化の"了"②

ティエンチィ　ハオ　ルァ
Tiānqì　hǎo　le.

天気 好 了。 天気がよくなりました。

天気　よい　なった

「よい」という状況に変化したことを表現します。「天気がよかった」という意味ではありません。

文末の"了"が新しい状況の出現を表すよ。

【 例文 】

私は旅行に行きたくなりました。

ウオ　シアン　チュイ　リュイヨウ　ルァ
Wǒ　xiǎng　qù　lǚyóu　le.

我 想 去 旅游 了。

私　したい　行く　旅行　なった

彼は参加しないことになりました。

タァ　ブゥ　ツァンジア　ルァ
Tā　bù　cānjiā　le.

他 不 参加 了。

彼　〜しない　参加する　なった

このほか、年齢、日付・時刻などを表す名詞述語文との組み合わせもあります（⇒巻末付録「きほんのフレーズ」、P.203、P.206）。

私は40歳になりました。

ウオ　スースー　スゥイ　ルァ
Wǒ　sìshí　suì　le.

我 四十 岁 了。

私　40　歳　なった

2時になりました。

リアン　ディエン　ルァ
Liǎng　diǎn　le.

两 点 了。

2時　なった

"了"の用法

文中の"了"と文末の"了"を2つ同時に併用する場合があります。この場合、「動作の実現・完了した結果」が現在まで続いていることを表します。これまでの"了"の用法と比較してみましょう。

A：動詞＋"了"

私は食べました。

Wǒ chī le.
ウオ　チー　ルァ

我 吃 了。

私　食べる　～した

B：動詞＋目的語＋"了"

私はイチゴを食べました。

Wǒ chī cǎoméi le.
ウオ　チー　ツァオメイ　ルァ

我 吃 草莓 了。

私　食べる　イチゴ　～した

C：動詞＋"了"＋数量（修飾語）＋目的語

私はイチゴを3個食べました。

Wǒ chīle sān kē cǎoméi.
ウオ　チールァ　サン　クァ　ツァオメイ

我 吃了 三 颗 草莓。

私　食べる　～した　3　個　イチゴ

※「イチゴを3個食べる」ことが実現した→いつの時点での実現かは不明。

D：動詞＋"了"＋数量（修飾語）＋目的語＋"了"

私はイチゴを3個食べました。

Wǒ chīle sān kē cǎoméi le.
ウオ　チールァ　サン　クァ　ツァオメイ　ルァ

我 吃了 三 颗 草莓 了。

私　食べる　～した　3　個　イチゴ　なった

※「イチゴを3個食べる」ことを実現して、その状況が現在まで至っている→さらには今後イチゴを続けて食べるかもしれない可能性も含む。

---

column

「昨日は暑かった」はどう言うの？

「昨日は暑かった」を中国語に訳すと、"昨天很热了。"とはなりません。「形容詞＋"了"」は「状態の変化や新しい状況の出現」を表すもので、"了"を使っても完了や過去形を表現することはできないのです。「昨日は暑かった」は、通常の形容詞述語文で"昨天很热。"となります。

練習

1 作文してみましょう。

① チケットは（値が）高くなりました。

② 私は行かないことになりました。

③ 私は中国に行きたくなりました。

④ 彼は18歳になりました。

2 次の中国語①と②、③と④をそれぞれ比べながら日本語に訳しましょう。

① 今天很冷。　　　→

② 今天冷了。　　　→

③ 我没有钱。　　　→

④ 我没有钱了。　　→

《 解答 》

1　① 票贵了。　② 我不去了。　③ 我想去中国了。　④ 他十八岁了。

2　① 今天很冷。「今日は寒いです」

　② 今天冷了。「今日は寒くなりました」「寒かった」という意味にはなりません。

　③ 我没有钱。「私はお金を持っていません」

　④ 我没有钱了。「私はお金がなくなりました」「なかった」という意味にはなりません。

Step 3第10課の「動作の実現・完了」を表す
"了"とこの課の「変化・新しい状況の出現」
を表す"了"の違いをよく確認しておこう。

111

🎤 36

～は…したことがあります
助詞 "过"

　助詞 "过" は動詞の後ろに置かれたとき、「その動作をかつて行った経験」を表し、「…したことがあります」という意味になります。このときの "过" は軽声で発音します。

経験を表す "过"

ウオ　　　シュエグゥオ　　　ファアユィ
Wǒ　　　xuéguo　　　Fǎyǔ.

我　　学过　　法语。

私　　勉強する　～ことがある　フランス語

Bonjour!

私はフランス語を勉強したことがあります。

主語　動詞　目的語

～ことがある

「動詞＋ "过"」の形で「…したことがあります」という経験を表します。

このときの
"过" は軽声で発音する!

"过" は日本の漢字だと「過」だよ。

【 例文 】

彼女は日本に来たことがあります。

タァ　　　ライグゥオ　　リーベン
Tā　　　láiguo　　　Rìběn.

她　　来过　　日本。

彼女　来る　～ことがある　日本

彼は新幹線に乗ったことがあります。

タァ　　　ヅゥオグゥオ　　シンガンシエン
Tā　　　zuòguo　　　Xīngànxiàn.

他　　坐过　　新干线。

彼　乗る　～ことがある　新幹線

　経験を表す助詞“过^{グゥオ}”の否定は、「“没^{メイ}”＋動詞＋“过^{グゥオ}”」という語順で「…したことがありません」という意味になります。助詞“了^{ルァ}”とは違い、“过^{グゥオ}”は否定形でもそのまま残します。

経験を表す“过^{グゥオ}”の否定

タァ	メイ	パァグゥオ	フゥシーシャン
Tā	méi	páguo	Fùshìshān.
他	没	爬过	富士山。
彼	〜ない	登る 〜ことがある	富士山

彼は富士山に登ったことがありません。

「“没^{メイ}”＋動詞＋“过^{グゥオ}”」という語順で「…したことがありません」という意味を表します。

「経験したことがない」という言い方だよ。

【 例文 】

私は野球をしたことがありません。

ウオ	メイ	ダァグゥオ	バァンチウ
Wǒ	méi	dǎguo	bàngqiú.
我	没	打过	棒球。
私	〜ない	する 〜ことがある	野球

彼はまだお寿司を食べたことがありません。

タァ	ハイ	メイ	チーグゥオ	ショウスー
Tā	hái	méi	chīguo	shòusī.
他	还	没	吃过	寿司。
彼	まだ	〜ない	食べる 〜ことがある	お寿司

　“过^{グゥオ}”を反復疑問文（⇒Step 2 第13課、P.62）の形にする場合、以下のような語順になります。

あなたは中国に行ったことがありますか？

ニィ	チュイグゥオ	ヂォングゥオ	メイヨウ
Nǐ	qùguo	Zhōngguó	méiyou?
你	去过	中国	没有？
あなた	行く 〜ことがある	中国	ない

ニィ	チュイ	メイ	チュイグゥオ	ヂォングゥオ
Nǐ	qù	méi	qùguo	Zhōngguó?
你	去	没	去过	中国？
あなた	行く	ない	行く 〜ことがある	中国

経験の表現とよく組み合わせる副詞

●肯定形とセット "曾经"（かつて、以前）

彼はかつて上海に住んだことがあります。

Tā	céngjīng	zhùguo	Shànghǎi.
ツァア	ツゥンジィン	ヂュウグゥオ	シャアンハイ
他	**曾经**	**住过**	**上海**。
彼	かつて	住む	～ことがある　上海

●否定形とセット "从来"（今まで、これまで）

私はこれまでペットを飼ったことがありません。

Wǒ	cónglái	méi	yǎngguo	chǒngwù.
ウオ	ツォンライ	メイ	ヤングゥオ	チォンウゥ
我	**从来**	**没**	**养过**	**宠物**。
私	これまで	～ない	飼う	～ことがある　ペット

"过"と"了"のニュアンス

「動作の実現・完了」を表す"了"（⇒Step 3 第10課、P.104）と"过"のニュアンスの違いを確認してみましょう。

彼はシンガポールに行きました。

Tā	qù	Xīnjiāpō	le.
ツァア	チュイ	シンジアポォ	ルァ
他	**去**	**新加坡**	**了**。
彼	行く	シンガポール	～した

※今も滞在しているイメージ。

彼はシンガポールに行ったことがあります。

Tā	qùguo	Xīnjiāpō.
ツァア	チュイグゥオ	シンジアポォ
他	**去过**	**新加坡**。
彼	行く	～ことがある　シンガポール

※かつて行ったことがあるが、今は離れているイメージ。

練習

1 作文してみましょう。

❶ 私は上海ガニ（大闸蟹）を食べたことがあります。

❷ あなたは京劇（京剧）を見たことがありますか？

❸ 彼はまだ飛行機に乗ったことがありません。

2 中国語の質問に（　）内の語句を使って答えましょう。

❶ 你打过棒球吗？ （没）　→

❷ 你学过法语吗？ （从来）　→

❸ 他来过这儿吗？ （曾经）　→

❹ 你买过电脑没有？ （没）　→

《 解答 》

1　❶ 我吃过大闸蟹。　❷ 你看过京剧吗？　❸ 他还没坐过飞机。

2　❶ 質問：你打过棒球吗？「あなたは野球をしたことがありますか？」
　　　→ 我没打过棒球。「私は野球をしたことがありません」

　❷ 質問：你学过法语吗？「あなたはフランス語を勉強したことがありますか？」
　　　→ 我从来没学过法语。「私はこれまでフランス語を勉強したことがありません」
　　　"从来"は経験の否定表現でよく使われます。

　❸ 質問：他来过这儿吗？「彼はここに来たことがありますか？」
　　　→ 他曾经来过这儿。「彼はかつてここに来たことがあります」

　❹ 質問：你买过电脑没有？「あなたはパソコンを買ったことがありますか？」
　　　反復疑問文の語順です。
　　　→ 我没买过电脑。「私はパソコンを買ったことがありません」

🎙37

～時間…します
動作の時間量

　動作の時間量を表現する場合、「動詞＋時間量＋目的語」の語順で並べ「～時間…します」という意味になります。また、助詞（"了"や"过"）と時間量をあわせて使う場合、「動詞＋"了"（ルァ）（"过"（グゥオ））＋時間量＋目的語」で「～時間…しました（…したことがあります）」となります。

動作の時間量

ウオ　ヤオ　シウシ　イィティエン
Wǒ　yào　xiūxi　yì tiān.

我 要 休息 一天。 私は1日休みたいです。
私　したい　休む　1日

「時間量」の部分に1分、1時間、1日などを入れる！

「動詞＋時間量」の語順で「～時間…します」という動作を行う時間の幅を表せます。

どれだけ行うか、という言い方だよ。

【 例文 】

私は1時間テレビを見ました。

ウオ　カンルァ　イィガシアオシー　ディエンシー
Wǒ　kànle　yí ge xiǎoshí　diànshì.

我 看了 一 个 小时 电视。
私　見る　～しました　1時間　テレビ

彼はギターを2年間習ったことがあります。

タァ　シュエグゥオ　リアンニエン　ジィタァ
Tā　xuéguo　liǎng nián　jítā.

他 学过 两 年 吉他。
彼　学ぶ　～したことがある　2年　ギター

「動詞＋回数」という語順で「～回…します」という意味になります。助詞（"了"や"过"）と回数をあわせて使う場合、助詞は動詞の直後につけます。

動作の回数

タァ　　　ライグゥオ　　　イィツー
Tā　　　láiguo　　　yí cì.

他　来过　一　次。

彼　来る　～ことがある　1回

彼は1回来たことがあります。

「～回」という言い方も中国語には いろいろ 使い分けがある

「動詞＋回数」の語順で「～回…します」という動作・行為の回数を表します。

何回行ったか、という言い方だよ。

【 例文 】

私はテキストの本文を1度音読しました。

ウオ　　　ニエンルァ　　　イィビエン　　　クァウェン
Wǒ　　　niànle　　　yí biàn　　　kèwén.

我　念了　一　遍　课文。

私　音読する　～した　1度　本文

私は1回トイレに行ってきます。

ウオ　　　シャアン　　　イィタァン　　　ツァスゥオ
Wǒ shàng　　　yí tàng　　　cèsuǒ.

我　上　一　趟　厕所。

私　行く　1回　トイレ

回数を表す言葉

～回 （広く使える）	～回、度 （最初から終わりまで一通り）	～回 （往復するニュアンスを含む）
ツー cì	ビエン biàn	タァン tàng
次	遍	趟

頻度の表し方

「範囲（期間）＋動詞＋回数」の語順で「どれくらいの期間に何回…する」という頻度を表すこともよくあります。

例 私は1日3食です。

<ruby>我<rt>ウオ</rt></ruby> <ruby>一<rt>イィティエン</rt></ruby> <ruby>天<rt></rt></ruby> <ruby>吃<rt>チー</rt></ruby> <ruby>三<rt>サンドゥン</rt></ruby> <ruby>顿<rt></rt></ruby> <ruby>饭<rt>ファン</rt></ruby>。

Wǒ yì tiān chī sān dùn fàn.

我 一 天 吃 三 顿 饭。

私 一日 食べる 3回 ご飯

父は1年に1回健診を受けます。

Bàba yì nián zuò yí cì tǐjiǎn.

爸爸 一 年 做 一 次 体检。

父 1年 する 1回 身体検査

目的語が人称代名詞の場合

動作の時間量や回数の表現で「私、彼」などの人称代名詞を目的語にするとき、「動詞＋人称代名詞＋時間量／回数」という語順になります。

●時間量

私は彼を10分待ちました。

Wǒ děngle tā shí fēnzhōng.

我 等了 他 十 分钟。

私 待つ 〜した 彼 10 分

●回数

私は彼女に2回会ったことがあります。

Wǒ jiànguo tā liǎng cì.

我 见过 她 两 次。

私 会う 〜ことがある 彼女 2回

練習

1 作文してみましょう。

① 私は中国語を1時間勉強します。 _____

② 私はテレビを2時間見ました。 _____

③ 私は上海に1度（趟）行ったことがあります。

_____

④ あなたは何時間（几）音楽を聞きますか？

_____

2 日本語に合うように（　）内の語句を正しく並べ替えましょう。

① 私は1週間に1回公園に行きます。
（　我　公園　去　一次　一个星期　。　）

_____

② 私は1日2食です。
（　我　吃　饭　两顿　一天　。　） _____

③ 私は彼を2時間待ちました。
（　他　两个小时　等　我　了。　） _____

④ あなたは彼女に何回会ったことがありますか？
（　次　你　她　见　过　几　？　） _____

....

《 解 答 》

1 ① 我学一个小时汉语。　② 我看了两个小时电视。　③ 我去过一趟上海。
　 ④ 你听几个小时音乐？

2 ① 我一个星期去一次公园。 頻度を表す語順です。
　 ② 我一天吃两顿饭。 頻度を表す語順です。
　 ③ 我等了他两个小时。 目的語が人称代名詞のときは「動詞＋人称代名詞＋時間量」と
　　 いう語順になります。
　 ④ 你见过她几次？ 回数をたずねる疑問文です。上記③同様、目的語が人称代名詞のと
　　 きの語順に注意しましょう。

🎤38

～は（習得して）…できます
助動詞"会"

　助動詞"会"（ホゥイ）は「"会"（ホゥイ）＋動詞フレーズ（動詞＋目的語）」の語順で、学習や練習を経て習得した「…できる」という表現になります。否定形は"不会"（ブゥホゥイ）で「…できない」という意味を表します。

助動詞"会"（ホゥイ）

タァ	ホゥイ	カイ	チョァ
Tā	huì	kāi	chē.
他	会	开	车。
彼	できる	運転する	車

彼は車を運転できます。

この文では、教習を受けて運転技術を習得したという「できる」です。「可能である」というニュアンスを表します。

練習して身につけた「できる」だよ。

【 例文 】

私はテニスができます。

ウオ	ホゥイ	ダァ	ワァンチウ
Wǒ	huì	dǎ	wǎngqiú.
我	会	打	网球。
私	できる	する	テニス

弟は泳げません。

ディーディ	ブゥホゥイ	ヨウヨン
Dìdi	bú huì	yóuyǒng.
弟弟	不会	游泳。
弟	ない できる	泳ぐ

「～するだろう、～するはずだ」という表現

　可能を表す助動詞"会"は「可能性」のニュアンスも表せます。「"会"＋動詞フレーズ（＋"的"）」の語順で「～するだろう、～するはずだ」という意味になります。文末の"的"は可能性のニュアンスを補うもので、「～の」という意味はありません。

例 彼は来るはずです。

タァ	ホゥイ	ライ	ドァ
Tā	huì	lái	de.

他 会 来 的。
彼 はずだ 来る だろう

私は忘れないでしょう。

ウオ	ブゥホゥイ	ワァンジィ	ドァ
Wǒ	bú huì	wàngjì	de.

我 不会 忘记 的。
私 ない はずだ 忘れる だろう

練習

1 作文してみましょう。

① 私は料理をつくることができます。

② 私は車を運転できません。

2 中国語の質問に①肯定形と②否定形でそれぞれ回答してみましょう。

你会说英语吗？ → ①肯定形

→ ②否定形

《 解答 》

1　❶ 我会做菜。　❷ 我不会开车。

2　質問：你会说英语吗？「あなたは英語を話せますか？」
　　→ ①我会说英语。「私は英語を話せます」
　　→ ②我不会说英语。「私は英語を話せません」

🎤39

～は（条件的に）…できます
助動詞"能"

助動詞"能"は「"能"＋動詞フレーズ（動詞＋目的語）」の語順で、能力面や体力面、条件がそろっており「…できる」という表現です。否定形は"不能"で「…できない」という意味を表します。

助動詞"能"

タァ ネゥン チュィ ダァゴォン
Tā néng qù dǎgōng.

他 能 去 打工。

彼 できる 行く アルバイトする

彼はアルバイトをしに行くことができます。

いらっしゃいませー

この文の"能"は、時間的に問題なく「バイトに行ける」など条件的に可能であることを表しています。

条件的に可能だという「できる」だよ。

【 例文 】

ここは写真を撮ることができません。

ヂョアール ブゥネゥン パイチァオ
Zhèr bù néng pāizhào.

这儿 不能 拍照。

ここ ない できる 写真を撮る

私は1分間に200字入力することができます。

ウオ イィフェンヂォン ネゥン ダァ アルバイグァツー
Wǒ yì fēnzhōng néng dǎ èr bǎi ge zì.

我 一分钟 能 打 二百 个 字。

私 1分 できる 入力する 200字

"会"と"能"のニュアンスの違い

　学習や練習を通して習得した可能を表す"会"（⇒Step 3 第14課、P.120）と、"能"のニュアンスの違いを確認しましょう。

●最も基本となる、単純に「できる」

私は車を運転できます。

ウォ	ホゥイ	カイ	チョア
Wǒ	huì	kāi	chē.
我	**会**	**开**	**车**。
私	できる	運転する	車

※車を運転する技術があって「できる」。

●"会"なのは当然で、能力・条件的に「できる」

私は今、車を運転できます。

ウォ	シエンヅァイ	ネゥン	カイ	チョア
Wǒ	xiànzài	néng	kāi	chē.
我	**现在**	**能**	**开**	**车**。
私	今	できる	運転する	車

※今「十分寝たので」「時間があるので」など条件的に「できる」。

練習

1 中国語の質問に（　）内の語句を使って答えましょう。

❶ 你能吃几个？　（八）　　→　_____

❷ 你能参加吗？　（不）　　→　_____

《 解答 》

1　❶質問：你能吃几个？「あなたはいくつ食べることができますか？」
　　　→ 我能吃八个。「私は8個食べることができます」
　　❷質問：你能参加吗？「あなたは参加できますか？」
　　　→ 我不能参加。「私は参加できません」

🎤 40

～は（許可されて）…できます
助動詞 "可以"
クァイィ

||||||||||||||||||||||||||||||||||||||||||||||||||||||

　助動詞 "可以"（クァイィ）は「"可以"（クァイィ）＋動詞フレーズ（動詞＋目的語）」の語順で、「…できます、してもよいです」という意味になります。否定形は禁止を表す "不可以"（ブゥクァイィ）ではなく、不許可を表す "不能"（ブゥネゥン）「…できません」です。

助動詞 "可以"（クァイィ）

ヂョアール	クァイィ	ティン	チョア	マ
Zhèr	kěyǐ	tíng	chē	ma?
这儿	**可以**	**停**	**车**	**吗？**
ここ	してよい	停める	車	か

ここは駐車
できますか？

許可されないので
「できない」は "不能"！

"可以"（クァイィ）には許すのニュアンスがあり、「…してもよい」という意味になります。

許されてす能だという「できる」だよ。

【 例文 】

カードを使ってもいいですか？

クァイィ	シュワ	カァ	マ
Kěyǐ	shuā	kǎ	ma?
可以	**刷**	**卡**	**吗？**
してよい	使う	カード	か

ちょっと見てもいいですか？

ウオ	クァイィ	カンカン	マ
Wǒ	kěyǐ	kànkan	ma?
我	**可以**	**看看**	**吗？**
私	してよい	ちょっと見る	か

「許可」を表す"能"

可能の助動詞"能"（⇒Step 3 第15課、P.122）は"可以"のように「許可」のニュアンスを表すことがあり、相互に置き換えることもできます。

例 あそこはスキーができます。

ナァール　ネゥン　ホア　シュエ
Nàr　néng　huá　xuě.

那儿 能 滑 雪。

あそこ してよい 滑る スキー

お断りしてもよいですか?

ウオ　ネゥン　ジュィジュエ　マ
Wǒ　néng　jùjué　ma?

我 能 拒绝 吗?

私 してよい 断る か

練習

1 作文してみましょう。

❶ ちょっと質問（问）してもいいですか?

❷ ここは喫煙（抽烟）できません。

2 中国語の質問に（　）内の語句を使って答えましょう。

❶ 我可以走吗? （不）　→

❷ 这儿可以刷卡吗? （不）　→

《 解 答 》

1　❶我可以问问吗?　❷这儿不能抽烟。

2　❶質問：我可以走吗?「行ってもいいですか?」

　　"走"は「この場所を去る」という意味です。

　　→ 你不能走。「あなたは行ってはいけません」

　❷質問：这儿可以刷卡吗?「ここはカードが使えますか?」

　　→ 这儿不能刷卡。「ここはカードが使えません」

　❶❷否定形はいずれも「"不能"＋動詞」となります。

第9課〜第16課　**復習問題**

1 （　）内からふさわしいものをひとつ選び、〇で囲みましょう。

- **①** 私は食べていません。　　　　　　　　　我（不　没）吃。
- **②** 彼はピアノが弾けます。　　　　　　　　他（会　能）弾钢琴。
- **③** 私は今日、お酒を飲むことができません。　我今天不（会　能）喝酒。

2 中国語の文が成立するように（　）内の語句を正しく並べ替えましょう。

- **①** 彼は2回行きました。

（他　了　去　两次　。）　　　　　　　　　　　_____

- **②** 私は中国語を2年間勉強しています。

（我　两年　了　学　了　汉语　。）　　　　　_____

- **③** あなたは彼に何回会ったことがありますか？

（你　过　他　见　几次　？）　　　　　　　　_____

3 作文してみましょう。

- **①** 彼は立って読書します。　　　　_____
- **②** 今日は寒くなりました。　　　　_____
- **③** 私はテニスができません。　　　_____

4 次の中国語を日本語に訳しましょう。

- **①** 他走着去学校。　　　_____
- **②** 东西贵了。　　　　　_____
- **③** 他不会来的。　　　　_____

《 解答 》

1　❶我（没）吃。

　動作の実現・完了の否定表現です（⇒Step3 第10課、P.105）。

　❷他（会）弾鋼琴。

　「ピアノ」を習得して「できる」という表現です（⇒Step 3 第14課、P.120）。

　❸我今天不（能）喝酒。

　「今日」は条件的にまたは体力的にできない、という表現になります（⇒Step 3 第15課、P.122）。

2　❶他去了两次。

　「動詞＋了＋回数」という語順になります（⇒Step 3 第13課、P.117）。

　❷我学了两年汉语了。

　「動作の実現」の"了"と変化の"了"を併用した表現です（⇒Step 3 第11課、P.110）。

　❸你见过他几次？

　目的語が人称代名詞のときの語順に注意しましょう（⇒Step 3 第13課、P.118）。

3　❶他站着看书。

　「〜したまま…する」という付帯状況を表します（⇒Step 3 第9課、P.101）。

　❷今天冷了。

　「形容詞＋"了"」で変化を表します（⇒Step 3 第11課、P.109）。

　❸我不会打网球。

　最も基本的な、習得して「できる」という表現です（⇒Step 3 第14課、P.120）。

4　❶他走着去学校。「彼は歩いて学校に行きます」

　前の動作「歩く」ことを持続したまま、後の動作「行く」をしています（Step 3 第9課、P.101）。

　❷东西贵了。「ものが高くなりました」

　「形容詞＋"了"」の語順で「…になりました」という新しい状況の出現を表します（Step 3 第11課、P.109）。

　❸他不会来的。「彼は来るはずがない」

　この"不会"は「（習得しておらず）〜できない」という意味ではなく、「〜するはずがない」という可能性の否定を表します（⇒Step 3 第14課、P.121）。

学問に王道なし。しっかり復習しよう。

🎤41

～は（人）に○○を…します
二重目的語をとる動詞

　相手に何かを与える、あるいは相手からもらうという「受け渡し」のニュアンスがある動詞には目的語を2つとるものがあります。その場合、語順は「主語＋二重目的語をとる動詞＋目的語①（人）＋目的語②（事物）」が基本で、「～は（人）に（事物）を…します」という意味になります。

二重目的語をとる動詞①

ウォ	ゲイ	タァ	イィ ベン	シュゥ
Wǒ	gěi	tā	yì běn	shū.
我	给	他	一本	书。
私	あげる	彼	1冊	本

私は彼に本を1冊
あげます。

主語　目的語①　目的語②
↓
あげる

目的語①（人）に
目的語②（事物）を
あげる！

この "给" は、二重目的語をとる英語の動詞「give」と意味も同じです。動詞の後は「人（目的語①）」＋「事物（目的語②）」という語順です。

目的語が2つ並ぶ言い方だよ。

【 例文 】

私は母にプレゼントを贈ります。

ウォ	ソォン	マァーマ	リィウゥ
Wǒ	sòng	māma	lǐwù.
我	送	妈妈	礼物。
私	贈る	母	プレゼント

私は王くんに日本語を教えます。

ウォ	ジアオ	シアオワァン	リーユィ
Wǒ	jiāo	Xiǎo-Wáng	Rìyǔ.
我	教	小王	日语。
私	教える	王くん	日本語

よく使う二重目的語をとる動詞

質問する	伝える	通知する、知らせる	〜と呼ぶ	返す	おつりを出す
ウェン wèn 问	ガオス gàosu 告诉	トォンヂー tōngzhī 通知	ジアオ jiào 叫	ホワン huán 还	ヂャオ zhǎo 找

　否定形は動詞の前に“不”、“没”を置きます。そして、「目的語①（人）」が「私、私たち」である場合、「私／私たちに…してくれます」というような訳になります。

二重目的語をとる動詞②（否定形）

ウオ　　メイ　　ガオス　　タァ　　ナァ ジエン シー
Wǒ　　méi　　gàosu　　tā　　nà jiàn shì

我　没　告诉　他　那　件　事。

私　〜していない　伝える　彼　　　そのこと

私は彼にそのことを
伝えていません。

主語　否定“不”or“没”

目的語①　目的語②

伝える

語順は「“没”＋動詞＋目的語①（人）＋目的語②（事物）」です。まだ完了していないことを否定する場合は“没”、意思を否定する場合は“不”を使います。

動詞の前に“不”や“没”を置くだけだよ！

【 例文 】

まだおつりをもらっていませんよ。

ニィ　　ハイ　　メイ　　ヂャオ　　ウオ　チエン　ヌァ
Nǐ　　hái　　méi　　zhǎo　　wǒ　qián　ne.

你　还　没　找　我　钱　呢。

あなた　まだ　〜していない　おつりを出す　私　金　よ

彼はまだ私に漫画を返してくれません。

タァ　ハイ　　ブゥ　ホワン　ウオ　マンホア
Tā　hái　bù　huán　wǒ　mànhuà.

他　还　不　还　我　漫画。

彼　まだ　しない　返す　私　漫画

※直訳は「あなたはまだ私におつりをくれていませんよ」。

二重目的語をとる動詞のさまざまな表現

① 目的語を２つとらない場合もあります。

「主語＋動詞＋目的語」

すぐ先方に通知します。

ウオ マァシャアン トォンヂー ドゥイファアン
Wǒ mǎshàng tōngzhī duìfāng.

我 马上 通知 对方。

私　すぐに　通知する　相手

② 「事物」の目的語が文になることもあります。

「主語＋動詞＋人＋事物（ 文 ）」

私は彼に行きたいかたずねます。

ウオ ウェン タァ シアン ブ シアン チュィ
Wǒ wèn tā xiǎng bu xiǎng qù.

我 问 他　想不想 去。

私　質問する　彼　〜したい 〜したくない　行く

③ 日本語は２つの目的語「人」と「事物」を入れ替えても成立しますが、中
　 国語では目的語の語順は変えられません。

私は子どもにお菓子をあげます（私はお菓子を子どもにあげます）。

ウオ ゲイ ハイヅ ディエンシン
Wǒ gěi háizi diǎnxin.

我 给 孩子 点心。 → ✕ 我 给 点心 孩子。

私 あげる 子ども お菓子　　　　　　 私 あげる お菓子 子ども

練習

1 作文してみましょう。

① 私は彼にノート（本子）をあげます。

② 彼は私に漫画をくれます。

③ 私は先生に質問します。

④ 私はいい知らせ（好消息）を1つあなたに伝えます。

2 中国語の質問に（　）内の語句を使って答えましょう。

① 你送她什么礼物？ （画儿） →

② 找你几块钱？ （两块钱） →

③ 谁教你汉语？ （李老师） →

④ 你叫他什么？ （小王） →

··

《 解答 》

1　① 我给他本子。　② 他给我漫画。　③ 我问老师。
　　④ 我告诉你一个好消息。 2つの目的語は「人＋事物」の順で並べます。

2　① 質問：你送她什么礼物？「あなたは彼女に何のプレゼントを贈りますか？」
　　　→ 我送她画儿。「私は彼女に絵を贈ります」
　　② 質問：找你几块钱？「あなたに何元おつりを渡しますか？」
　　　→ 找我两块钱（吧）。「私に2元おつりをください」
　　③ 質問：谁教你汉语？「誰があなたに中国語を教えますか？」
　　　→ 李老师教我汉语。「李先生が私に中国語を教えます」
　　④ 質問：你叫他什么？「あなたは彼を何と呼びますか？」
　　　→ 我叫他小王。「私は彼を王くんと呼びます」

🎤 42

2つの「〜から」
前置詞 "离"・"从"

ここでは日本語の「〜から」という意味を表す中国語の前置詞 "离（リィ）" と "从（ツォン）" を学びます。いずれも場所や時点に関する名詞と組み合わせて、"离（リィ）" は「へだたり、距離」を、"从（ツォン）" は「起点」を表します。

前置詞 "离（リィ）"

ウオジア リィ チョァヂャン ヘン ジン
Wǒ jiā lí chēzhàn hěn jìn.

我 家 离 车站 很 近。

私 家 〜から 駅 （とても）近い

私の家は駅から近いです。

"离" は「へだたり、距離」を表す「〜から」

「A＋ "离（リィ）" ＋B＋述語（形容詞句など）」という語順で「AはBから…」という意味になり、「主語A」がBからどのくらい離れているかを表します。

"离（リィ）" は日本語の漢字だと「離」だよ。

【 例文 】

天津は北京から遠くありません。

ティエンジン リィ ベイジン ブゥ ユエン
Tiānjīn lí Běijīng bù yuǎn.

天津 离 北京 不 远。

天津 〜から 北京 〜ではない 遠い

病院はここから遠いですか？

イィユエン リィ ヂョァール ユエン マ
Yīyuàn lí zhèr yuǎn ma?

医院 离 这儿 远 吗？

病院 〜から ここ 遠い か

"离"は「へだたり、距離」を表しますが、"从"は「起点」を表します。いずれも日本語に訳すと、「〜から」となりますが、意味合いが違う表現です。

前置詞"从"

ウオ　ツォン　シュエユエンルゥ　ヅォウ
Wǒ cóng Xuéyuàn-lù zǒu.

我 从 学院路 走。

私　〜から　学院路　歩く

私は学院路から行きます。

"从"は「起点」を表す「〜から」

「"从" ＋場所」で「どこから」という動作の起点を表します。"学院路" は北京にある通りで、この通り沿いには8つの大学があります。

"从"は日本語の漢字だと「従」だよ。

【 例文 】

両親は北海道から来ます。

フゥムゥ　ツォン　ベイハイダオ　ライ
Fùmǔ cóng Běihǎidào lái.

父母 从 北海道 来。

両親　〜から　北海道　来る

彼は今、空港から出発します。

タァ　シエンヅァイ　ツォン　ジィチァアン　チュウファア
Tā xiànzài cóng jīchǎng chūfā.

他 现在 从 机场 出发。

彼　今　〜から　空港　出発する

範囲を限定する"从A到B"「AからBまで」は、よく使う表現です。Aが「スタート地点」を表し、Bが「ゴール地点」を表します。

例　ここからコンビニまで10分歩かねばなりません。

ツォン　ヂョアール　ダオ　ビエンリィディエン　ヤオ　ヅォウ　シー　フェンヂョン
Cóng zhèr dào biànlìdiàn yào zǒu shí fēnzhōng.

从 这儿 到 便利店 要 走 十 分钟。

〜から　ここ　〜まで　コンビニ　〜ねばならない　歩く　10　分間

「時点」との組み合わせ

① 前置詞"离"は「"离"+時点」の組み合わせで、「その時点までの時間的なへだたり」を表せます。訳は「～まで」とすることが多いです。

彼の誕生日まであと3日あります。

リィ　タァ　ドァ　ションリー　ハイ　ヨウ　サン ティエン
Lí　tā　de　shēngri　hái　yǒu　sān tiān.

离　他　的　生日　还　有　3　天。

～まで　彼　の　誕生日　あと　ある　3　日

② 前置詞"从"も「"从"+時点」の組み合わせで、「時間の起点」を表せます。

私は8時から仕事を始めます。

ウオ　ツォン　バァ ディエン　カイシー　ゴォンヅゥオ
Wǒ　cóng　bā diǎn　kāishǐ　gōngzuò.

我　从　8　点　开始　工作。

私　～から　8　時　始まる　働く

③ また、"到"との組み合わせで時間の範囲を限定し、「AからBまで」という表現もできます。

私は月曜から金曜まですべて授業があります。

ウオ　ツォン　シィンチィイィ　ダオ　シィンチィウゥ　ドウ　ヨウ　クァ
Wǒ　cóng　xīngqīyī　dào　xīngqīwǔ　dōu　yǒu　kè.

我　从　星期一　到　星期五　都　有　课。

私　～から　月曜　～まで　金曜　すべて　ある　授業

練習

1　（　）内からふさわしいものをひとつ選び、〇で囲みましょう。

① あなたはどこから行きますか？
你（ 从　离 ）哪儿走？

② わが家はコンビニから近いです。
我家（ 从　离 ）便利店很近。

③ 夏休みまであと1週間です。
（ 从　离 ）暑假还有一个星期。

④ 東京から大阪まで500キロあります。
从东京（ 离　到 ）大阪有500公里。

2　作文してみましょう。

① ここから遠くありません。

② 彼らは学校から出発します。

③ 7時から始まります。

④ 病院は家から近いですか？

....

《 解答 》

1　❶ 你（从）哪儿走？「起点」を表します。
　　❷ 我家（离）便利店很近。「わが家」と「コンビニ」のへだたりを表します。
　　❸ （离）暑假还有一个星期。「時点」のへだたりを表します。
　　❹ 从东京（到）大阪有500公里。"从～到…"で「範囲」を限定しています。

2　❶ 离这儿不远。"不"の位置に注意しましょう。　❷ 他们从学校出发。
　　❸ 从7点开始。　❹ 医院离家近吗？

🎤43

〜ですか、それとも…ですか?
選択疑問文、原因・理由をたずねる疑問文

　これまでに学んだ"吗"（⇒Step 2 第 3 課、P.34）や疑問詞を使った疑問文（⇒Step 2 第 7 課、P.44）、反復疑問文（⇒Step 2 第 13 課、P.62）以外の疑問文の選択疑問文と原因や理由をたずねる疑問文を学びます。

 選択疑問文

ニィ	ホァ	カァフェイ	ハイシ	ホァ	ホォンチァァ
Nǐ	hē	kāfēi	háishi	hē	hóngchá?
你	**喝**	**咖啡**	**还是**	**喝**	**红茶？**
あなた	飲む	コーヒー	それとも	飲む	紅茶

あなたはコーヒーを
飲みますか、
それとも紅茶を
飲みますか?

「A＋"还是"＋B」の語順で「Aですか、それともBですか」と相手にどちらかを選択させる疑問文です。選択疑問文は文末に"吗"を置きません。

or

coffee　tea

「AかB」を選択させる疑問文だよ。

【 例文 】

彼はガイドさんですか、それともドライバーさんですか?

タァ	シー	ダオヨウ	ハイシ	スージィ
Tā	shì	dǎoyóu	háishi	sījī?
他	**是**	**导游**	**还是**	**司机？**
彼	である	ガイド	それとも	運転手

「"为什么"＋述語」や「"怎么"＋述語」の語順で「なぜ、どうして…」という原因や理由をたずねることができます。このうち、特に"怎么"は「話し手のいぶかる気持ち」などを含むことがあります。

原因・理由をたずねる疑問文

タァ　　ウェイシェンマ　　ションチィ
Tā　wèishénme　shēngqì?

他 为什么 生气？
彼　　　なぜ　　　怒る

彼はなぜ
怒っているのですか？

原因・理由、目的などをたずねるときは
"为什么"を使います。"为什么"は主語の
前に置くこともあります。
"为什么他生气?"

「なぜ、どうして」と聞く疑問文だよ。

【 例文 】

彼はどうしてまだ来ていないのですか？

タァ　ヅェンマ　ハイ　メイ　ライ　ヌァ
Tā　zěnme　hái　méi　lái　ne?

他 怎么 还 没 来 呢？
彼　なぜ　まだ　～していない　来る　の

今日はどうしてこんなに暑いのでしょうか？

ジンティエン　ウェイシェンマ　ヂョアマ　ロァ
Jīntiān　wèishénme　zhème　rè?

今天 为什么 这么 热？
今日　なぜ　このように　暑い

どうしてですか？

ウェイシェンマ
Wèishénme?

为什么？
なぜ

※"为什么"は単独でもよく使う。

「なぜ?」と聞かれたときの答え方

　　"为什么"や"怎么"を使って原因や理由、目的を質問された場合、よく"因为
～ "で答えます。"因为～ "は「なぜなら～だからです」という意味です。

例　あなたはどうして食事をしないのですか?

ニィ　　ヅェンマ　ブゥ　　チー　　ファン
Nǐ　zěnme　bù　chī　fàn?
你 怎么 不　吃　饭?
あなた　なぜ　～しない　食べる　ご飯

　　なぜなら食欲がないからです。

インウェイ　ウオ　メイヨウ　シーユィ
Yīnwèi　wǒ　méiyǒu　shíyù.
因为 我 没有 食欲。
なぜなら　私　　ない　　食欲

「どのように～するのか?」とたずねる表現

　　「"怎么"＋動詞フレーズ」の語順で「どのように～するのか?」と、その手
段や方法をたずねることができます。

例　地下鉄の駅はどのように行くのですか?

ディティエヂャン　ヅェンマ　ヅォウ
Dìtiězhàn　zěnme　zǒu?
地铁站 怎么　走?
地下鉄駅　どのように　歩く

　　まっすぐ前に5分歩くとすぐ着きます。

イィヂー　ワン　チエン　ヅォウ　ウゥ　フェンヂォン　ジウ　ダオ　ルァ
Yìzhí　wǎng　qián　zǒu　wǔ　fēnzhōng　jiù　dào　le.
一直 往 前 走 5 分钟　就　到 了。
まっすぐ　～へ　前　歩く　5　分間　すぐ　着く　なる

練習

1 作文してみましょう。

① あなたは中国に行きますか、それともアメリカ（美国）に行きますか?

② 彼はなぜ外（外边）にいるのですか? _____

③ どうしてですか? _____

④ どのように訳す（翻译）のですか? _____

2 次の質問①〜④の答えとしてふさわしいものをA 〜 Dから選びましょう。

① 你怎么不买?

② 怎么卖?

③ 你买还是他买?

④ 你的名字怎么写?

| A 他买。 |
| B 这么写。 |
| C 因为我没带着钱。 |
| D 两块钱一个。 |

....

《 解答 》

1 ① 你去中国还是去美国?　② 他（为什么／怎么）在外边?　③ 为什么?
　④ 怎么翻译?

2 ① 你怎么不买?「あなたはどうして買わないのですか?」
　　→ C：因为我没带着钱。「私はお金を持っていないからです」
　② 怎么卖?「どのように売るのですか?（＝値段・売り方をたずねる）」
　　→ D：两块钱一个。「1つ、2元です」
　③ 你买还是他买?「あなたが買いますか、それとも彼が買いますか?」
　　→ A：他买。「彼が買います」
　④ 你的名字怎么写?「あなたの名前はどのように書くのですか?」
　　→ B：这么写。「このように書きます」

139

～は○○より…です
比較の表現

前置詞"比"を使い、「A＋"比"＋B＋形容詞」という語順で「AはBより…です」という意味になります。形容詞の後ろに「差」を表す語句を置くこともよくあり、その場合「AはBより【その差だけ】…です」となります。

比較の表現①

ウオ ビィ ディーディ ガオ
Wǒ bǐ dìdi gāo.

我 比 弟弟 高。
私 ～より 弟 （背が）高い

私は弟より背が高いです。

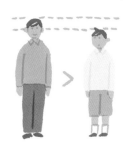

「A＋"比"＋B…」の語順で、AとBの性質や状況などを比較します。主語Aのほうが比較対象であるBより形容詞の度合いが大きいことを表します。

"比"は「比較の比」と覚えよう。

【 例文 】

これはあれよりおいしいです。

チェイグァ ビィ ネイグァ ハオチー
Zhèige bǐ nèige hǎochī.

这个 比 那个 好吃。
これ ～より あれ （食べて）おいしい

母は父より2歳年上です。

マーマ ビィ バァーバ ダァ リアン スゥイ
Māma bǐ bàba dà liǎng suì.

妈妈 比 爸爸 大 两 岁。
母 ～より 父 年上だ 2歳

また、「A＋"没有^{メイヨウ}"＋B＋形容詞」の語順で「AはBほど…ではありません」という比較の表現になります。

比較の表現②

ハンユィ　メイヨウ　ファアユィ　ナン
Hànyǔ　méiyou　Fǎyǔ　nán.

汉语　没有　法语　难。
中国語　～ほどない　フランス語　難しい

中国語はフランス語ほど難しくありません。

中国語　フランス語
你好!　< Bonjour!

「A＋"没有^{メイヨウ}"＋B…」の語順で「AはBほど…ではありません」という意味になります。

比較の否定表現の言い方だよ。

【　例文　】

私は彼ほど忙しくありません。

ウオ　メイヨウ　タァ　マァン
Wǒ　méiyou　tā　máng.

我　没有　他　忙。
私　～ほどない　彼　忙しい

今日は昨日ほど寒くありません。

ジンティエン　メイヨウ　ヅゥオティエン　レゥン
Jīntiān　méiyou　zuótiān　lěng.

今天　没有　昨天　冷。
今日　～ほどない　昨日　寒い

述語となる形容詞の前に"这么^{チョアマ}"や"那么^{ナァマ}"を置き、「A＋"没有^{メイヨウ}"＋B＋"这么^{チョアマ}"／"那么^{ナァマ}"＋形容詞」の語順で「AはBほど（そんなに、それほど）…ではありません」というニュアンスを表すこともあります。

駅の北側は南側ほどそんなににぎやかではありません。

チョアヂャン　ベイビエン　メイヨウ　ナンビエン　ナァマ　ロァナオ
Chēzhàn běibian méiyou nánbian nàme rènao.

车站　北边　没有　南边　那么　热闹。
駅　　北側　～ほどない　南側　そんなに　にぎやかだ

「A＋（"跟"／"和"）＋B＋"一样"」の語順で「AはBと同じだ」という類似・同類のニュアンスを表します。また、「A＋（"跟"／"和"）＋B＋"一样"＋形容詞」で「AはBと同じくらい…だ」という意味になります。

ウオ　ドァ　ヂーネゥンショウジィ　ゲン　タァ　ドァ　イィヤン
Wǒ　de　zhìnéng shǒujī　gēn　tā　de　yíyàng.
我 的 智能手机 跟 他 的 一样。
私　の　スマホ　　　〜と　彼　の　同じである

私のスマホは彼のと同じです。

「A＋（"跟"／"和"）＋B＋"一样"」の語順で「AはBと同じである」という意味になります。

"手机"は「携帯電話」、「スマホ」を"手机"とも言うよ。

【 例文 】

女子学生は男子学生と同じくらい多いです。

ニュイション　ゲン　ナンシェン　イィヤン　ドゥオ
Nǚshēng　gēn　nánshēng　yíyàng　duō.
女生 跟 男生 一样 多。
女子学生　〜と　男子学生　同じである　多い

否定形は"一样"の前に"不"をつけ、「A＋（"跟"／"和"）＋B＋"不一样"（＋形容詞）」の語順で「AはBと同じではありません」となります。

私の意見はあなたの意見と同じではありません。

ウオ　ドァ　イィジエン　ゲン　ニィ　ドァ　イィジエン　ブゥイィヤン
Wǒ　de　yìjiàn　gēn　nǐ　de　yìjiàn　bù yíyàng.
我 的 意见 跟 你 的 意见 不一样。
私　の　意見　〜と　あなた　の　意見　同じではない

練習

1　日本語の意味に合うように（　）内の語句を正しく並べかえましょう。

① 私は彼より背が高いです。
（　我　比　高　他　。　）
_____

② これはあれほど（値段が）高くありません。
（　贵　没有　这个　那个　。　）
_____

③ 今日は昨日より少し暑いです。
（　热　昨天　一点儿　比　今天　。　）
_____

④ 私のスマホはあなたのとは違います。
（　一样　跟　的　我　不　的　智能手机　你　。　）
_____

2　作文してみましょう。

① 中国は日本より大きい（大）です。
_____

② 妹は姉と同じくらい忙しいです。
_____

③ 彼は私より10歳年下（小）です。
_____

④ 東京の冬は北京ほど寒くありません。
_____

《 解答 》

1　**①** 我比他高。　**②** 这个没有那个贵。
　③ 今天比昨天热一点儿。　比較結果の差は形容詞の後ろに置きます。
　④ 我的智能手机跟你的不一样。　類似・同類の否定は"不一样"です。

2　**①** 中国比日本大。　**②** 妹妹跟姐姐一样忙。
　③ 他比我小十岁。　比較結果の差の語順に注意。
　④ 东京的冬天没有北京（那么）冷。

～はまもなく…します
近未来の表現

　動詞フレーズの前に、"要"や"快"、"快要"、"就要"などをつけ、さらに文末に"了"を置くと「まもなく…します」「もうすぐ…します」という意味になります。

近未来の表現①

ウオ　ヤオ　ゾォウ　ルァ
Wǒ　yào　zǒu　le.

我 要 走 了。　私はまもなく行きます。

私　まもなく　行く　なる

そろそろ
行くね

"要＋動詞フレーズ＋了"で「まもなく…します」となり、ある動作や行為が近い未来に発生するニュアンスを表せます。

その場所を離れようとするときに使えるフレーズだよ。

【 例文 】

列車はまもなく出発します。

ホゥオチョア　ヤオ　　カイ　ルァ
Huǒchē　yào　kāi　le.

火车 要 开 了。

列車　まもなく　運転する　なる

まもなく退勤します。

ヤオ　　シアバン　ルァ
Yào　xiàbān　le.

要 下班 了。

まもなく　退勤する　なる

　"要"の前に時間の短さを示す"快"や"就"などの副詞を置き、"快要〜了"や"就要〜了"などの形でも「まもなく…します」という意味を表すことがあります。特に"就要"は時間がより迫っているニュアンスを表します。

近未来の表現②

ビィサイ	クワイヤオ	ジエシュウ	ルァ	
Bǐsài	kuàiyào	jiéshù	le.	試合はまもなく
比赛	快要	结束	了。	終了します。
試合	まもなく	終わる	なる	

"快"と"就"はいずれも時間が迫っていること、動作までの時間が短いことを表す副詞です。

"要"の前に時間の短さを示す表現を足したんだ。

【 例文 】

飛行機はまもなく離陸します。

フェイジィ	ジウヤオ	チィフェイ	ルァ
Fēijī	jiùyào	qǐfēi	le.
飞机	就要	起飞	了。
飛行機	まもなく	離陸する	なる

まもなく年越しです。

クワイヤオ	グゥオ ニエン	ルァ
Kuàiyào	guò nián	le.
快要	过年	了。
まもなく	年を越す	なる

　具体的な時点と組み合わせられる近未来表現は、「より時間が迫っている、すぐに」というニュアンスを含む"就要〜了"です。

彼は来年もう卒業します。

タァ	ミィンニエン	ジウヤオ	ビィイエ	ルァ
Tā	míngnián	jiùyào	bìyè	le.
他	明年	就要	毕业	了。	→ ✕ 他明年快要毕业了。
彼	来年	まもなく	卒業する	なる

「まもなく〜です」という表現

「数や時間に関する名詞」のみを述語に使って「まもなく〜です」と表現できるのは"快〜了"です。

例 彼はまもなく60歳です。

タァ　クワイ　リュシー スゥイ　ルァ
Tā　kuài　liùshí suì　le.

他　快　六十 岁　了。

彼　まもなく　60 歳　なる

まもなく9時になります。

クワイ　　ジウ ディエン　ルァ
Kuài　jiǔ diǎn　le.

快　9 点 了。

まもなく　9 時　なる

"要"の主な3つの用法

これまでに学習した"要"の用法を確認しましょう。

① 願望「〜したい」（⇒Step 3 第4課、P.81）

私は旅行に行きたいです。

ウオ　ヤオ　チュイ　リュィヨウ
Wǒ　yào　qù　lǚyóu.

我 要 去 旅游。

私　したい　行く　旅行

② 必要・義務「〜しなければならない」（⇒Step 3 第4課、P.80）

あなたは体に気をつけなければなりません。

ニィ　　ヤオ　　　ヂュウイィ　シェンティ
Nǐ　yào　zhùyì　shēntǐ.

你　要　注意 身体。

あなた　〜しなければならない　注意する　体

③ 近未来表現「まもなく〜します」（⇒Step 3 第21課、P.144）

私はもうすぐ家に帰ります。

ウオ　ヤオ　ホゥイ　ジア　ルァ
Wǒ　yào　huí　jiā　le.

我 要 回 家 了。

私　まもなく　帰る　家　なる

練習

1 （　）内からふさわしいものをひとつ選び、〇で囲みましょう。

❶ 張さんはまもなく帰国します。
小张（　要　　想　）回国了。

❷ 出し物がもうすぐ始まります。
演出（　要　　会　）开始了。

❸ 彼らは来月、結婚します。
他们下个月（　快要　　就要　）结婚了。

❹ まもなく6時です。
（　快　　就要　）6点了。

2 日本語の意味に合うように（　）内の語句を正しく並べかえましょう。

❶ 電車はまもなく到着します。
（　快　电车　了　到　。　）

❷ 彼らはもうすぐ授業です。
（　要　他们　快　上课　了　。　）

❸ 妹はもう寝ます。
（　快　妹妹　睡觉　了　。　）

❹ 私たちは来年もう卒業します。
（　毕业　要　我们　了　就　明年　。　）

....

《 解 答 》
1　❶ 小张（要）回国了。　　❷ 演出（要）开始了。
　　❸ 他们下个月（就要）结婚了。「来月」という時点が前にあるので"就要"になります。
　　❹（快）6点了。　時刻のみが述語になるので"快"を選びましょう。
2　❶ 电车快到了。　　❷ 他们快要上课了。　　❸ 妹妹快睡觉了。　　❹ 我们明年就要毕业了。

🎤46

～は○○で…したのです
"是〜的" 構文
シー ドァ

すでに起こった動作や行為について、特にその「時間・場所・人・方法」などを取り立てて強調し、説明するのが"是〜的"構文です。「主語＋"是"＋取り立てて説明するポイント＋動詞＋"的"」という語順で「〜は【強調したいポイント】で〜したのです」という意味を表します。

"是〜的" 構文
シー ドァ

ウオ シー ヅゥオティエン ライ ドァ
Wǒ shì zuótiān lái de.

我 是 昨天 来 的。 私は昨日来たのです。
私 である 昨日 来た （の）

過去に起きた事実について「時間・場所・人・方法」などを強調するための構文です。例文は「昨日」を強調しています。

"是"と"的"ではさんだ部分がポイントになるよ。

【 例文 】

私は図書館で勉強したのです。

ウオ シー ヅァイ トゥシュウグワン シュエ ドァ
Wǒ shì zài túshūguǎn xué de.

我 是 在 图书馆 学 的。
私 である 〜で 図書館 勉強した （の）

彼は地下鉄で来たのです。

タァ シー ヅゥオ ディティエ ライ ドァ
Tā shì zuò dìtiě lái de.

他 是 坐 地铁 来 的。
彼 である 乗る 地下鉄 来た （の）

動詞に目的語を伴う場合、目的語は"是～的"の"的"の後ろによく置きます。
ただし、目的語が人称代名詞の場合は"的"の前に置くなどの例外もあります。

目的語を伴う場合の"是～的"構文

ウォ　シー　ツァイ　シータァン　チー　ドァ　ファン
Wǒ　shì　zài　shítáng　chī　de　fàn.

我 是 在 食堂 吃 的 饭。

私　である　～で　食堂　食べた（の）ご飯

私は食堂でご飯を食べたのです。

目的語の位置は"的"の前後どちらにも置くことができます。
ただし、人称代名詞など"的"の後に置けない例もあります。

目的語は口語ではふつう"的"の後に置くよ。

【 例文 】

彼は自転車で学校に行ったのです。

タァ　シー　チィ　ヅーシィンチョア　チュイ　ドァ　シュエシアオ
Tā　shì　qí　zìxíngchē　qù　de　xuéxiào.

他 是 骑 自行车 去 的 学校。

彼　である　乗る　自転車　行った（の）　学校

彼が私に伝えたのです。

シー　タァ　ガオス　ウォ　ドァ
Shì　tā　gàosu　wǒ　de.

是 他 告诉 我 的。

である　彼　伝えた　私　（の）

"是"は省略することもよくあります。ただし、"的"は省略できません。

私は今日、予約したのです。

ウォ　（シー）　ジンティエン　ディン　ドァ
Wǒ　(shì)　jīntiān　dìng　de.

我（是） 今天 订 的。

私（である）　今日　予約した（の）

149

"是～的"構文の否定形

"是"の前に"不"をつけた"不是～的"は、「～したのではありません」という意味になります。動作はすでに起きたものだけしか表現しないので「しなかった、していない」とはならないので注意しましょう。また、否定形のときには"是"を省略できません。

例 彼は1人で来たのではありません。

Tā bú shì yí ge rén lái de.

他 不是 一 个人 来 的。

彼 ではない 1 人 来た（の）

私は2021年に入学したのではありません。

Wǒ bú shì èr líng èr yī nián rùxué de.

我 不是 2021 年 入学 的。

私 ではない 2021 年 入学した（の）

完了の"了"と"是～的"構文の比較

完了の"了"は、述語である「来た」ことを述べたい文です。

例 彼は昨日、来ました。

Tā zuótiān lái le.

他 昨天 来 了。

"是～的"構文は、①彼が「来た」ことはすでに話し手も聞き手も知っており、②そのうえで動作が起きた「時間」などを強調した文です。

例 彼は昨日来たのです。

Tā shì zuótiān lái de.

他 是 昨天 来 的。

練習

1 作文してみましょう。

1 彼は今日行ったのです。　＿＿＿＿＿＿＿＿＿＿

2 あなたはどこで買ったのですか？　＿＿＿＿＿＿＿＿＿＿

3 あなたたちはいつ知り合った（认识）のですか？

＿＿＿＿＿＿＿＿＿＿

4 私は大学で勉強したのではありません。

＿＿＿＿＿＿＿＿＿＿

2 中国語の質問に（　）内の語句を使って答えましょう。

1 他是什么时候来的？ （今天）　→　＿＿＿＿＿＿＿＿＿＿

2 你是在哪里买的课本？ （书店）　→　＿＿＿＿＿＿＿＿＿＿

3 他是怎么去的？ （出租车）　→　＿＿＿＿＿＿＿＿＿＿

4 是谁写的？ （我）　→　＿＿＿＿＿＿＿＿＿＿

....

《 解答 》

1 ❶ 他是今天去的。　❷ 你是在哪儿买的？
　❸ 你们是什么时候认识的？　❶～❸は“是”を省略しても正解です。
　❹ 我不是在大学学的。　否定は“不是～的”で表現します。

2 ❶ 質問：他是什么时候来的？「彼はいつ来たのですか？」 時点をたずねています。
　　→ 他是今天来的。「彼は今日来たのです」
　❷ 質問：你是在哪里买的课本？「あなたはどこでテキストを買ったのですか？」
　　場所をたずねています。
　　→ 我是在书店买的课本。「私は本屋さんでテキストを買ったのです」
　❸ 質問：他是怎么去的？「彼はどのように行ったのですか？」 方法をたずねています。
　　→ 他是坐出租车去的。「彼はタクシーで行ったのです」
　❹ 質問：是谁写的？「誰が書いたのですか？」 人をたずねています。
　　→ 是我写的。「私が書いたのです」「私」を強調する位置に注意。

🎤47

～は…しないでください
禁止の表現

　動詞フレーズの前に"別"や"不要"などを置き、「"別"＋動詞フレーズ」、「"不要"＋動詞フレーズ」で「…しないでください、…するな」という禁止の意味を表します。このとき、"別"と"不要"は置き換えられます。"別"のほうがより口語的な表現です。

禁止の表現①

ニィ　　ビエ　　ションチィ
Nǐ　　 bié　　shēngqì.

你　　別　　生气。　怒らないでください。

あなた　～するな　怒る

怒らないで

「"別"＋動詞フレーズ」の語順で「…しないでください」となります。"別生气"と主語を省略することもできます。

禁止のニュアンスの表現だよ。

【 例文 】

タバコを吸わないでください。

ブゥヤオ　　チョウイエン
Búyào　　chōuyān.

不要　　抽烟。

～するな　タバコを吸う

あせらないでください。

ビエ　　チャオジィ
Bié　　zháojí.

別　　着急。

～するな　慌てる

　"別"や"不要"の文末に"了"を置き、「"別"＋動詞フレーズ＋"了"」、「"不要"＋動詞フレーズ＋"了"」という語順で、すでにその行為を行っている者に対する禁止を表現できます。

禁止の表現②

ブゥヤオ　　シュオ　　ルァ
Búyào　　shuō　　le!

不要 说 了!

〜するな 話す な

話さないでください。

話さないで

「"別"＋動詞フレーズ＋"了"」の形で特にすでに行動している人に対しての「…しないでください」という意味を表します。

「おしゃべりをやめて」という表現だよ。

【 例文 】

ケンカをしないでください。

ビエ　　ダァジア　ルァ
Bié　　dǎjià　le!

别 打架 了!

〜するな ケンカする な

携帯電話を見ないでください。

ブゥヤオ　カン　ショウジィ　ルァ
Búyào　kàn　shǒujī　le!

不要 看 手机 了!

〜するな 見る 携帯電話 な

　"请"と組み合わせて、「"请别"＋動詞フレーズ」、「"请不要"＋動詞フレーズ」とすると「どうぞ…しないでください」という丁寧な言い方になります。

どうぞ遠慮しないでください。

チィン　　ビエ　　クァーチ
Qǐng　　bié　　kèqi.

请 别 客气。

どうぞ 〜するな 遠慮する

どうぞ気にしないでください。

チィン　　ブゥヤオ　　ジエイィ
Qǐng　　búyào　　jièyì.

请 不要 介意。

どうぞ 〜するな 気にする

153

その他の禁止の表現

① 前に "可"、"千万" などを置いて「"可别" ＋動詞フレーズ」、「"千万不要" ＋動詞フレーズ」などの組み合わせで「絶対に…しないで」という強調を表します。

例 くれぐれもがっかりしないでください。

チエンワン　ブゥヤオ　　ホゥイシン
Qiānwàn búyào　huīxīn!

千万　不要　　灰心!

決して　〜するな　がっかりする

② 助動詞の否定形 "不能"、"不可以" を使って「〜してはいけない」という不許可を表します。

例 ここは撮影できません。

ヂョアール　ブゥクァイィ　パイジャオ
Zhèr　bù kěyǐ　pāizhào.

这儿　不可以　拍照。

ここ　してはいけない　写真を撮る

③ 「"请勿" ＋動詞フレーズ」で「〜してはいけない（〜するなかれ）」となります。貼り紙などに使われる、書き言葉の禁止表現です。

例 邪魔しないでください（起こさないでください）。

チィンウゥ　ダァロァオ
Qǐng wù　dǎrǎo.

请勿　打扰。

してはいけない　邪魔する　　　※ホテルのドアノブなどにかけるカードの文言。

④ 「"禁止" ＋動詞フレーズ」で「〜禁止（〜を禁ずる）」という意味です。

例 遊泳禁止。

ジンヂー　ヨウヨン
Jìnzhǐ yóuyǒng.

禁止 游泳。

禁止　　遊泳

立ち入り禁止。

ジンヂー　ロゥネイ
Jìnzhǐ　rùnèi.

禁止 入内。

禁止　　立ち入り

154

練習

1　（　）内からふさわしいものをひとつ選び、〇で囲みましょう。

① 行かないで。
（ 要　不要 ）走。

② ケンカをやめてください。
你们不要打架（ 了　请 ）。

③ 決して忘れないでね。
你（ 可　可以 ）别忘了。

④ 邪魔しないでください。
请（ 勿　要 ）打扰。

2　作文してみましょう。

① 食べ（吃）ないでください。

② あせら（着急）ないでください。

③ タバコを吸わ（抽烟）ないでください。

④ 決してがっかり（灰心）しないでください。

- -

《 解答 》

1 **①**（不要）走。　**②** 你们不要打架（了）。　**③** 你（可）别忘了。　**④** 请（勿）打扰。

2 **①** 别吃。　**②** 别着急。　**③** 别抽烟。　**④** 千万别灰心。

①～**④**の"别"はいずれも"不要"に置き換えられます。また、「すでに起こっている行動に対して伝える文言」と考えて作文する場合、文末に"了"を置くこともできます。

> "别"と"不要"はそれぞれ置き換えて使うこともできるんだけど、"别"のほうが"不要"より口語的なんだ。

第17課〜第23課　復習問題

1 （ ）内からふさわしいものをひとつ選び、〇で囲みましょう。

　　① あなたは行きますか、それとも行きませんか？

　　你去（也是　还是）不去？

　　② 私は家から出発します。

　　我（离　从）我家出发。

　　③ 彼らは来月、まもなく結婚します。

　　他们下个月（就要　快要）结婚了。

2 中国語の文が成立するように（ ）内の語句を正しく並べ替えましょう。

　　① 彼は今日、私にパンを2個くれます。

　　（我　给　面包　他　两个　今天　。）＿＿＿＿＿＿＿

　　② あなたはどうして私の家に来ないのですか？

　　你（为什么　我家　来　不）？＿＿＿＿＿＿＿

　　③ あなたの本はこの本より10元高いです。

　　（你　比　10块钱　书　这本书　贵　的　。）＿＿＿＿＿＿＿

3 作文してみましょう。

　　① 彼女は大学で中国語を学んだのです。＿＿＿＿＿＿＿

　　② 彼が私に英語を教えます。＿＿＿＿＿＿＿

　　③ ここから遠いですか？＿＿＿＿＿＿＿

4 次の中国語を日本語に訳しましょう。

　　① 别客气。＿＿＿＿＿＿＿

　　② 快3点了。＿＿＿＿＿＿＿

　　③ 哥哥没有我忙。＿＿＿＿＿＿＿

《 解答 》

1 ❶你去（还是）不去？
　　選択疑問文です（⇒Step 3第19課、P.136）。
　❷我（从）我家出发。
　　「起点」を表す"从"「～から」がふさわしいです（⇒Step 3第18課、P.133）。
　❸他们下个月（就要）结婚了。
　　近未来の表現。時点（来月）があるので"快要"は組み合わせられません（⇒Step 3
　　第21課、P.145）。

2 ❶他今天给我两个面包。
　　"给"は二重目的語をとる動詞です。2つの目的語の語順を確認しましょう（⇒Step 3
　　第17課、P.128）。
　❷你为什么不来我家？
　　原因や理由をたずねる疑問文です（Step 3第19課、P.137）。
　❸你的书比这本书贵10块钱。
　　比較の表現です。比較結果の「差」を置く語順に気をつけましょう（⇒Step 3第20
　　課、P.140）。

3 ❶她是在大学学的汉语。
　　「時間・場所・人・方法」などを強調する"是～的"構文です（⇒Step 3第22課、
　　P.148）。
　❷他教我英语。
　　"教"は二重目的語をとる動詞です（⇒Step 3第17課、P.128）。
　❸离这儿远吗？
　　"离"は「へだたり、距離」を表す「～から」です（⇒Step 3第18課、P.132）。

4 ❶别客气。「遠慮しないでください」
　　「"别"＋動詞フレーズ」の禁止の表現です（⇒Step 3第23課、P.152）。
　❷快3点了。「もうすぐ3時になります」
　　"快～了"「まもなく～です」という表現です（⇒Step 3第21課、P.146）。
　❸哥哥没有我忙。「兄は私ほど忙しくありません」
　　「A＋"没有"＋B＋形容詞」で「AはBほど…ではありません」という意味を表しま
　　す（⇒Step 3第20課、P.141）。

少年老いやすく学なりがたし。

離合動詞（離合詞）

 🔊 48

漢字2文字（2音節）の動詞のうち、1つの動詞に見えて、実は単語の構造が「動詞＋目的語」となっているものを「離合動詞（離合詞）」と言います。

会う	寝る	入浴する
ジエン ミエン	シュイ ジアオ	シィ ヅァオ
jiàn miàn	shuì jiào	xǐ zǎo
见 面	**睡 觉**	**洗 澡**
会う　顔	眠る　眠り	洗う　入浴
アルバイトする	散歩する	結婚する
ダァ ゴォン	サン ブゥ	ジエ ホゥン
dǎ gōng	sàn bù	jié hūn
打 工	**散 步**	**结 婚**
する　仕事	散らす　歩み	結ぶ　婚姻

離合動詞は「動詞＋目的語」の構造なので、その後には目的語を置きません。また、状況によって離合動詞内の動詞と目的語は2つに分かれます。

【 例文 】

私は4時間寝ました。

ウオ	シュイルァ	スー	グァ	シアオシー	ジアオ	
Wǒ	shuìle	sì	ge	xiǎoshí	jiào.	("了" や時間量)
我	**睡了**	**四**	**个**	**小时**	**觉。**	
私	眠る〜した	4	個	時間	眠り	

ちょっと散歩しましょう。

ザンメン	サンサン	ブゥ	バ	
Zánmen	sànsan	bù	ba!	(動詞の重ね型)
咱们	**散散**	**步**	**吧!**	
私たち	ちょっと散らす	歩み	〜しましょう	

※辞書を引くと離合動詞のピンインには「動詞＋目的語」の間に「//」や「・」などが使われ、単語の構造がわかるように表記されている。見分ける参考にしよう。
　見面 jiàn//miàn　結婚 jié・hūn

Step

4

一歩すすんだ
文法

🎤49

～は…して【結果】○○します
結果補語
けっかほご

　述語となる動詞の後ろに、その動作・行為の結果などを表す語句を置いて表現するのが結果補語です。「主語＋動詞＋【結果補語】」の語順で「～は…して【結果】○○します」という意味になります。結果補語には動詞や形容詞が使われます。

結果補語①
けっかほご

ウオ	ティンドォン	ルァ
Wǒ	tīngdǒng	le.
我	听懂	了。
私	聞く 理解する	～した

私は聞いてわかりました。

動詞の後ろに置く「動詞や形容詞」は、その動作の【結果】がどうなのかを表します。例文は、"听"(聞く)した結果、"懂"(理解する)に至ったことを表しています。

聞いて　理解する

動作の結果を表す言い方だよ。

【 例文 】

私は小説を読み終わりました。

ウオ	カンワン	シアオシュオ	ルァ
Wǒ	kànwán	xiǎoshuō	le.
我	看完	小说	了。
私	読む 終わる	小説	～した

彼はよく字を書き間違えます。

タァ	チャアンチャアン	シエツゥオ	ヅー
Tā	chángcháng	xiěcuò	zì.
他	常常	写错	字。
彼	よく	書く 間違える	字

通常、結果補語の否定形は動詞の前に“没（メイ）”を置きます。また、目的語を伴う場合、その目的語を前に出してポイントとなる結果補語を最後に置くことで、結果がより目立つような語順にすることがあります。

結果補語② 否定形・疑問文

ウオメン	ハイ	メイ	ヂュンベイハオ
Wǒmen	hái	méi	zhǔnbèihǎo
我们	还	没	准备好。
私たち	まだ	〜していない	準備する ちゃんと

結果補語の否定は"没"で！

私たちはまだちゃんと準備し終わっていません。

「“没（メイ）”＋動詞＋【結果補語】」の語順で、「その動作の結果には至らなかった、至っていない」ことを表現します。

結果補語を否定する場合、完了や過去の表現でも"了（ルァ）"を使わないよ。

【 例文 】

私は電話番号を覚えていません。

ウオ	メイ	ジィヂゥ	ディエンホアハオマァ
Wǒ	méi	jìzhù	diànhuà hàomǎ.
我	没	记住	电话号码。
私	〜していない	覚える 固定する	電話番号

この靴はきれいに洗っていません。

ヂョァ	シュアン	シエ	メイ	シィガンジィン
Zhè	shuāng	xié	méi	xǐgānjing.
这	双	鞋	没	洗干净。
この	〜足	靴	〜していない	洗う きれいに

疑問文は文末に“吗（マ）”を置くか、“…了没有（ルァメイヨウ）？”を置き反復疑問文にします。

流れ星、あなたは見えましたか?

リゥシィン	ニィ	カンジエン	ルァ	メイヨウ
Liúxīng	nǐ	kànjiàn	le	méiyou?
流星	你	看见	了	没有?
流れ星	あなた	見る 感知する	〜した	〜していない

“了”との比較からみる結果補語のニュアンス

　動詞の後に完了や変化を表す助詞の“了”を組み合わせると、「〜しました、〜した」という意味になります。

例　【A】
シン　　ウオ　シエ　ルァ
Xìn,　wǒ　xiě　le.

信，我 写 了。
手紙　私　書く　〜した

　この文は「（手紙は）私は書いた」という意味になり、「手紙を書き終えた」ととらえる方も多いと思います。では、次の文はどうでしょう。

例　【B】
シン　　ウオ　シエ　ルァ　　ブゥグゥオ　　ハイ　　　メイ　　　　　　シエワン
Xìn,　wǒ　xiě　le.　búguò　hái　méi　xiěwán.

信，我 写 了。不过 还 没 写完。
手紙　私　書く　〜した　でも　まだ　〜していない　書く　終わる

　逆接を表す“不过”「でも、しかし」の前までは上記【A】文と同じですが、その後に“还没写完”「まだ書き終えていません」という文が続き、全体としては「私は書いたが、まだ書き終わっていない」という意味になっています。
　“写了”のような「動詞＋“了”」の表現は、動作が少しでも発生すると“了”を伴えますが、それだけでは「書き終えた」かどうか明確には表現できません。「書き終えた」と言いたい場合には、“写完”のように結果補語を使います。

その他のよく使う結果補語

〜しすぎる	はっきりする	〜しつくす	〜して対象にありつく	〜し慣れる	〜して離れる
ドゥオ duō 多	チィンチュ qīngchu 清楚	グアン guāng 光	ダオ dào 到	グワン guàn 惯	ヅォウ zǒu 走

練習

1 作文してみましょう。

① 私は書き間違えました（了）。　_____

② あなたは聞いてわかりましたか？（吗）　_____

③ 私はちゃんと（好）準備できました。　_____

④ 彼は小説を書き終え（完）ました。　_____

2 中国語の質問に否定形で答えましょう。

① 你看见她了吗？　→　_____

② 你的书，找到了没有？　→　_____

③ 你睡好了吗？　→　_____

④ 课文，你看懂了吗？　→　_____

《 解答 》

1 ① 我写错了。　② 你听懂了吗？　③ 我准备好了。
　④ 他写完小说了。

2 ① 質問：你看见她了吗？「あなたは彼女を見かけましたか？」
　　　→ 我没看见她。「私は彼女を見かけませんでした」
　② 質問：你的书，找到了没有？「あなたの本は、見つかりましたか？」
　　　→ 我的书，（还）没找到。「私の本は（まだ）見つかっていません」
　③ 質問：你睡好了吗？「あなたはよく眠れましたか？」
　　　→ 我没睡好。「私はよく眠れませんでした」
　④ 質問：课文，你看懂了吗？「テキストの本文は、あなたは見てわかりましたか？」
　　　→ 课文，我没看懂。「テキストの本文は、私は見てわかりませんでした」
　①～④ 否定形では動詞の前に"没"を置き、"了"を取ります。

🎤 50

～は…して【方向】○○します
方向補語

動詞の後に動作の移動する方向を表す語句を置いて、文の話し手からの「移動」を表すことができます。その方向を表す語句を方向補語と言います。まず、漢字1文字の単純方向補語から確認します。

方向補語① （単純方向補語）

タァ　パオライ　ルァ
Tā　pǎolai　le.

他 跑来 了。　彼は走ってきました。

彼　走る 来る　〜した

走る
来る

例文は「走る＋来る」→「走ってくる」で主語「彼」が「話し手」側に向かって近づいてきたことを表します。

方向は「話し手」を基点にして述べるんだ。

【 例文 】

父さんが帰ってきました。

バァーバ　ホゥイライ　ルァ
Bàba　huílai　le.

爸爸 回来 了。

父さん 帰る 来る 〜した

持っていってください。

ナァチュイ　バ
Náqu　ba.

拿去 吧。

持つ 行く 〜ください

方向補語になる語句

上る	下る	入る	出る	戻る	すぎる	起きる	来る	行く
シャアン shàng	シア xià	ジン jìn	チュウ chū	ホゥイ huí	グゥオ guò	チィ qǐ	ライ lái	チュイ qù
上	下	进	出	回	过	起	来	去

※声調は軽声で表記されることが多い。

　これらを「動詞＋方向補語①"上、下、进、出、回、过、起"＋方向補語②"来、去"」という語順で組み合わせて、漢字２文字で移動する方向を表すのが複合方向補語です。

方向補語②（複合方向補語）

タァ　　　　ヅォウシアライ
Tā　　　　zǒuxiàlai.

她　走下来。 彼女は歩いて下りてきます。

彼女　歩く 下りる 来る

例文は「歩く＋下りる＋来る」→「歩いて下りてくる」。主語が「話し手」側に移動することをイメージしましょう。

ビルの上の階から移動してくるのかな。

〔 例文 〕

弟が駆け込んできました。

ディーディ　パオジンライ　ルァ
Dìdi　pǎojinlai　le.

弟弟 跑进来 了。

弟　走る 入る 来る ～した

部長が（歩いて）出ていきました。

ブゥヂャアン　ヅォウチュウチュイ　ルァ
Bùzhǎng zǒuchūqu　le.

部长 走出去 了。

部長　歩く 出る 行く ～した

単純方向補語を使う表現に目的語を伴う場合

①"来、去"の場合、「動詞＋目的語＋"来、去"」とすることが多いです。特に
　目的語が場所を表す語句の場合は、必ず「動詞＋目的語＋"来、去"」の順
　になります。

②"来、去"以外の単純方向補語の場合、「動詞＋"来、去"以外の方向補語＋目
　的語」という語順になります。

 ①はやく部屋に入ってきてください。

Kuài　jìn　wūzi　li　lai.
快　进　屋子　里　来。
はやく　入る　部屋　中　来る

②私はカバンを置きます。

Wǒ　fàngxia　shūbāo.
我　放下　书包。
私　置く　下ろす　カバン

複合方向補語を使う表現に目的語を伴う場合

「動詞＋【方向補語】＋目的語＋"来、去"」という語順が基本です。特に目
的語が場所を表す語句の場合は、必ず「動詞＋【方向補語】＋目的語＋"来、
去"」の順になります。

 彼はペンを手に取ります。

Tā　náqǐ　bǐ　lai.
他　拿起　笔　来。
彼　持つ　起きる　ペン　来る　　※直訳は「彼はペンを持ち上げます」。

先生が教室に歩いて入ってきました。

Lǎoshī　zǒujìn　jiàoshì　lai　le.
老师　走进　教室　来　了。
先生　歩く　入る　教室　来る　〜した

166

練習

1 （　）内からふさわしいものをひとつ選び、〇で囲みましょう。

1 田中さんが帰ってきました。
田中回（　来　去　）了。

2 王くんは教室に入ります。
小王走（　进　出　）教室里。

3 テキストを出してください。
拿（　进　出　）课本来吧。

4 お座りください。
您坐（　上　下　）吧。

2 中国語の文が成立するように（　）内の語句を正しく並べ替えましょう。

1 彼は走っていきました。
（　他　过　了　去　跑　。　）　_____

2 帰りましょう。（私たちは帰っていきましょう）
（　我们　去　回　吧　。　）　_____

3 はやく教室に入っていきなさい。
快（　教室　进　去　）。　_____

4 部長がオフィスに入ってきました。
部长（　来　进　走　办公室　）了。　_____

《 解 答 》

1　❶ 田中回（来）了。「きました」なので"来"を使います。
　　❷ 小王走（进）教室里。 直訳は「王くんは教室に歩いて入ります」です。
　　❸ 拿（出）课本来吧。「出す」なので"出"を使います。
　　❹ 您坐（下）吧。「座る→腰を下ろす」イメージで、方向補語は"下"を使います。
2　❶ 他跑过去了。　❷ 我们回去吧。　❸ 快（进教室去）。　❹ 部长（走进办公室来）了。
　　❸❹はいずれも「場所」を表す目的語の位置です。

🎙51

～は…するのが○○です
様態補語

ある動作・行為の「状態やさま、評価」がどうなのかを表すときに使うのが様態補語です。語順は「主語＋動詞＋"得"＋様態補語（主に形容詞フレーズ）」で「～は…するのが○○です」という意味になります。否定形は動詞を否定するのではなく、様態補語の部分の「状態やさま」を否定します。

様態補語①

タァ　　ヅォウドァ　　　ヘン　　クワイ
Tā　　zǒude　　　hěn　　kuài.

他　走得　　很　快。

彼　歩く　～するのが　（とても）はやい

彼は歩くのが
はやいです。

「動詞＋"得"＋様態補語」の語順で動作の状態やさまを表現します。様態補語には主に「形容詞フレーズ（副詞＋形容詞）」が使われます。

動作のさまがどうであるかを表現する言い方だよ。

【 例文 】

父さんは寝るのが早いです。

バァーバ　　シュイドァ　　ヘン　　ヅァオ
Bàba　　shuìde　　hěn　　zǎo.

爸爸　睡得　　很　早。

父さん　寝る　～するのが　（とても）　早い

私は話すのがうまくありません。

ウオ　　シュオドァ　　　ブゥ　　ハオ
Wǒ　　shuōde　　　bù　　hǎo.

我　说得　　不　好。

私　話す　～するのが　～ではない　よい

様態補語で目的語を伴う場合、「主語＋動詞＋目的語＋動詞＋"得"＋様態補語（主に形容詞フレーズ）」という語順になります。

様態補語②

タァ	ヅゥオ	ツァイ	ヅゥオドァ	ヘン	ハオ
Tā	zuò	cài	zuòde	hěn	hǎo.
他	做	菜	做得	很	好。
彼	つくる	料理	つくる	〜するのが（とても）	よい

彼は料理をつくるのが上手です。

様態補語に目的語を加えた表現です。
"得"の前には必ず動詞を置きましょう。

「つくる」という動詞が2つ入るんだよ。

【 例文 】

彼女は字をきれいに書きます。

タァ	シエ	ヅー	シエドァ	ヘン	ピアオリアン
Tā	xiě	zì	xiěde	hěn	piàoliang.
她	写	字	写得	很	漂亮。
彼女	書く	字	書く	〜するのが（とても）	美しい

様態補語で目的語を伴う表現では1つめの動詞を省略することもあります。

彼はテニスをするのが上手です。

タァ	ワンチウ	ダァドァ	ヘン	ハオ
Tā	wǎngqiú	dǎde	hěn	hǎo.
他	网球	打得	很	好。
彼	テニス 球技をする	〜するのが（とても）	よい

その他、様態補語を使った表現

①様態補語の反復疑問文は動詞の部分ではなく、様態補語の部分を「肯定＋否定」で表現します。

例 彼女は中国語を流ちょうに話しますか?

タァ	シュオ	ハンユィ	シュオドァ	リウリィ	ブ	リウリィ
Tā	shuō	Hànyǔ	shuōde	liúlì	bu	liúlì?
她	说	汉语	说得	流利	不	流利?
彼女	話す	中国語	話す	〜するのが 流ちょうである	〜でない	流ちょうである

②様態補語の「状態やさま」をたずねる場合、「動詞＋"得"＋疑問詞"怎么样"」の語順で「…するのはどうですか（どのようですか）?」という表現も口語ではよく使います。

例 あなたは車の運転はどうですか?

ニィ	カイ	チョア	カイドァ	ヅェンマヤン
Nǐ	kāi	chē	kāide	zěnmeyàng?
你	开	车	开得	怎么样?
あなた	運転する	車	運転する	〜するのが どうか

③様態補語の部分に比較表現（⇒Step 3 第20課、P.140）なども使えます。

例 妹は私よりゲームをするのが上手です。

メイメイ	ヨウシィ	ワァールドァ	ビィ	ウオ	ハオ
Mèimei	yóuxì	wánrde	bǐ	wǒ	hǎo.
妹妹	游戏	玩儿得	比	我	好。
妹	ゲーム	遊ぶ	〜するのが	〜より 私	よい

「形容詞＋"得"＋補語」の表現

述語である形容詞の後ろに"得"を置いて程度を強める表現もあります。

例 私はひどく眠いです。

ウオ	クゥンドァ	ヘン
Wǒ	kùnde	hěn.
我	困得	很。
私	眠い 程度を強める"得"	とても

今日はひどく暑いです。

ジンティン	ロァドァ	ヤオスー
Jīntiān	rède	yàosǐ.
今天	热得	要死。
今日	暑い 程度を強める"得"	ひどい

練習

1 作文してみましょう。

❶ 彼は歩くのが遅い（慢）です。

❷ 弟はテニスをするのが上手です。

❸ 私は字を書くのがはやいです。

❹ 彼は歌うのがうまくありません。

2 中国語の質問に（　）内の語句を使って答えましょう。

❶ 你开车开得好吗？　（不）　　→

❷ 他汉语说得怎么样？　（很流利）→

❸ 你妈妈做菜做得好不好？　（很）→

❹ 你昨天睡得怎么样？　（不）　→

．．

《 解 答 》

1　❶ 他走得很慢。　　❷ 弟弟（打）网球打得很好。　1つめの動詞は省略できます。

　　❸ 我（写）字写得很快。　1つめの動詞は省略できます。

　　❹ 他唱得不好。（他唱歌唱得不好。）

2　❶ 質問：你开车开得好吗？「あなたは車の運転が上手ですか？」

　　　→ 我开车开得不好。「私は車を運転するのがうまくありません」

　　❷ 質問：他汉语说得怎么样？「彼は中国語を話すのがどうですか？」

　　　→ 他（说）汉语说得很流利。「彼は中国語を話すのが流ちょうです」

　　❸ 質問：你妈妈做菜做得好不好？「あなたのお母さんは料理をつくるのが上手ですか？」

　　　→ 我妈妈（做）菜做得很好。「私の母は料理をつくるのが上手です」

　　❹ 質問：你昨天睡得怎么样？「あなたは昨日、よく眠れましたか？（眠るのがどうでしたか？）」

　　　→ 我昨天睡得不好。「私は昨日よく眠れませんでした」

第**4**課

🎤52

～は…することができます
可能補語(かのうほご)

述語となる動詞と結果補語(けっかほご)（⇒Step 4 第1課、P.160）、方向補語(ほうこうほご)（⇒Step 4 第2課、P.164）の間に“得(ドァ)”や“不(ブ)”を置いて、「主語＋動詞＋【“得(ドァ)”、“不(ブ)”】＋【結果補語(けっかほご)／方向補語(ほうこうほご)】」という語順で、「～は…することができます、…できません」という意味を表します。

可能補語(かのうほご)①（結果補語(けっかほご)との組み合わせ）

ウオ Wǒ	ティンブドォン tīngbudǒng.	
我	听不懂。	私は聞いてわかりません。
私 聞く	できない 理解する	

「動詞＋“得(ドァ)”、“不(ブ)”＋結果補語(けっかほご)」の語順に注意。“得(ドァ)”を使うと「～できます」という意味に、“不(ブ)”を使うと「～できません」という意味になります。

聞く → 理解する
できない

動作の結果が可能かどうかを表すよ。

【 例文 】

私は財布が見つかりません。

ウオ Wǒ	ヂャオブダオ zhǎobudào	チエンバオ qiánbāo.
我	找不到	钱包。
私 探す	できない ありつく	財布

この本は1日では読み終わることができません。

ヂョア Zhè	ベン běn	シュウ shū	イィティエン yì tiān	カンブワン kànbuwán.
这	本	书	一天	看不完。
この	冊	本	1日 読む	できない し終わる

172

こちらは動詞と方向補語（⇒Step 4第2課、P.164）」の間に"得"や"不"を置く文型です。「主語＋動詞＋【"得"、"不"】＋【方向補語】」という語順です。

可能補語②（方向補語との組み合わせ）

ナァ ジエン イィフ ニィ ナァドアシアライ マ
Nà jiàn yīfu, nǐ nádexiàlai ma?

那 件 衣服， 你 拿得下来 吗?

あれ ～着 服 あなた 取る できる 下りる 来る か

あの服、あなたは取って下ろすことができますか？

「動詞＋"得"、"不"＋方向補語」の語順で「…に（方向移動）することができます、できません」という意味を表します。

動作のある方向への移動が可能かどうかを表すよ。

〔 例文 〕

ここは泳いで渡ることができます。

チョアール ヨウドアグウオチュイ
Zhèr yóudeguòqu.

这儿 游得过去。

ここ 泳ぐ できる すぎる 行く

車は入っていくことができません。

チョア カイブジンチュイ
Chē kāibujìnqu.

车 开不进去。

車 運転する できない 入る 行く

可能補語の表現は、実際には「動詞＋"不"＋補語」の否定形で使われることが多いです。

可能補語の肯定形は主に疑問文か、疑問文への回答で使われるよ。

その他、可能補語を使った表現

////////////////////////////////

①結果補語、方向補語で扱わなかった常用表現

「動詞＋“得了”」、「動詞＋“不了”」で量的に「…しきれる、しきれない」、または広く可能性として「…できる、できない」という意味を表します。

例 こんなにたくさんのチョコレート、私は食べきれません。（量的に不可能）

チョァマ　　ドゥオ　　チアオカァリィ　　ウォ　　チーブリアオ
Zhème　　duō　　qiǎokèlì,　　wǒ　　chībuliǎo.

这么　多　巧克力，我　吃不了。

このように　多い　チョコレート　私　食べる　しきれない

彼は明日、来ることができません。（不可能）

タァ　ミィンティエン　ライブリアオ
Tā　míngtiān　láibuliǎo.

他　明天　来不了。

彼　　明日　来る　できない

②目的語の位置は可能補語の前（文頭）か後ろのどちらにも置けます。

例 今日の宿題、私は書き終えることができます。

ジンティエン　ドァ　ヅゥオイエ　ウォ　　シエドァワン　　　ウォ　シエドァワン　ジンティエン　ドァ　ヅゥオイエ
Jīntiān　de　zuòyè,　wǒ　xiědewán.　Wǒ　xiědewán　jīntiān　de　zuòyè.

今天　的　作业，我　写得完。→ 我　写得完　今天　的　作业。

今日　の　宿題　私　書く　できる　し終わる

③可能補語の反復疑問文は、「動詞＋“得”＋補語」と「動詞＋“不”＋補語」をつなげて「肯定＋否定」で表現します。

例 この字は見てわかりますか？

ヂェイグァ　ツー　カンドァドォン　　カンブドォン
Zhèige　zì　kàndedǒng　kànbudǒng?

这个　字　看得懂　看不懂？

この　　字　見る　できる　理解する　見る　できない　理解する

練習

1 日本語の意味に合うように（　）内の語句を正しく並べかえましょう。

❶ 彼は今日、帰ってくることができません。
（ 他　来　回　不　今天　。 ）
_____

❷ 歩いて渡ることができません。
（ 不　去　过　走　。 ）
_____

❸ お酒を飲みきれません。
（ 不　喝　了 ）酒。
_____

❹ 彼は中国語を聞いて理解できます。
他（ 得　听　懂　中文 ）。
_____

2 中国語の質問に（　）内の語句を使って答えましょう。

❶ 你看得见吗？　（不）　　　→ _____

❷ 在中国吃得到寿司吗？　（得）　→ _____

❸ 进得去吗？　（不）　　　　→ _____

❹ 你现在去得了去不了？　（得）　→ _____

....

《 解 答 》

1 　**❶** 他今天回不来。　　**❷** 走不过去。
　　❸（喝不了）酒。　"了"は"le"ではなく"liǎo"です。　　**❹** 他（听得懂中文）。

2 　**❶** 質問：你看得见吗？「あなたは見ることができますか？」
　　　　→ 我看不见。「私は見ることができません」
　　❷ 質問：在中国吃得到寿司吗？「中国で寿司を食べることができますか？」
　　　　→ 在中国吃得到寿司。「中国で寿司を食べることができます」
　　❸ 質問：进得去吗？「入っていけますか？」
　　　　→ 进不去。「入っていくことができません」
　　❹ 質問：你现在去得了去不了？「あなたは今、行くことができますか？」
　　　　→ 我现在去得了。「私は今、行くことができます」

🎤 53

～に○○が…します
存現文
そん げん ぶん

中国語の動詞述語文は動詞の前に主語を置く「主語＋動詞」のような語順が基本ですが、特に人や事物の「存在、出現、消失」などを表現するときには「【場所／時点】＋動詞＋（意味上の）主語」の順で「～に○○が…します」とすることがあります。この文型をつくるものを存現文と言います。

存現文① （存在を表す）
そん げん ぶん

ジアオシー Jiàoshì	リ li	ヅゥオヂョア zuòzhe	リアン グァ liǎng ge	シュエション xuésheng.
教室	里	坐着	两 个	学生。
教室	中	座る ～ている	2人	学生

**教室の中に学生が
2人座っています。**

存在を表す文の語順は「場所＋動詞＋意味上の主語」が基本です。動詞の直後に持続を表す"着"（⇒Step 3第9課、P.100）がよく使われます。
ヂョア

人や物の存在を表す表現を覚えよう。

【 例文 】

机の上にコーラが1本置いてあります。

デュオヅ Zhuōzi	シャアン shang	ファアンヂョア fàngzhe	イィ ピィン yì píng	クァルァ kělè.
桌子	上	放着	一 瓶	可乐。
机	上	置く ～てある	1本	コーラ

壁にポスターが1枚貼ってあります。

チアン Qiáng	シャアン shang	ティエヂョア tiēzhe	イィ ヂャアン yì zhāng	ハイバオ hǎibào.
墙	上	贴着	一 张	海报。
壁	上	貼る ～てある	1枚	ポスター

　存在を表す文と同じく、「【場所／時点】＋動詞＋主語」という語順で「〜に○○が…します」という意味を表し、動詞の後に置く「不特定な人や事物」の出現や消失を表現します。

存現文②（出現や消失を表す）

チエンビエン　　ライルァ　　　イィ リアン　　チュウヅゥチョア
Qiánbian　　láile　　　yí liàng　　chūzūchē.

前边　来了　一　辆　出租车。

前　　来る 〜した　　1台　　　　タクシー

前からタクシーが1台やってきました。

出現・消失を表す文の語順も「場所＋動詞＋意味上の主語」です。出現、消失を表すとき、動詞の直後に完了を表す"了"(ルァ)（⇒Step 3第10課、P.104）などがよく使われます。

人や物の出現を表す言い方だよ。

〔 例文 〕

昨日、お客さまが1人いらっしゃいました。

ヅゥオティエン　　ライルァ　　　イィ ウェイ　　クァロェン
Zuótiān　　láile　　　yí wèi　　kèren.

昨天　来了　一 位　客人。

昨日　　来る 〜した　　お一人　　　客

　動詞の直後に方向補語を置くこともよくあります。

2階から人が1人歩いて下りてきました。

ロウシャアン　　ヅゥオシアライ　　イィ グァ ロェン
Lóu shang　　zǒuxiàlai　　yí ge rén.

楼 上　走下来　一 个 人。

階上　歩く 下りる 来る　　　1人

存現文で表す自然現象

自然現象も多くは存現文の文型・語順で表現されます。

例 雨が降り出しました。

ワイビエン ハイ ヅァイ シア シュエ
Wàibian hái zài xià xuě.
外边 还 在 下 雪。
外 まだ 〜している 降る 雪

シア ユィ ルァ
Xià yǔ le.
下 雨 了。
降る 雨 〜なった

外はまだ雪が降っています。

自然現象を表す言葉

雨が降る	雪が降る	風が吹く	雷が鳴る	芽が出る	花が咲く
シア ユィ xià yǔ **下雨**	シア シュエ xià xuě **下雪**	グワ フォン guā fēng **刮风**	ダァ レイ dǎ léi **打雷**	ファア ヤァ fā yá **发芽**	カイ ホア kāi huā **开花**

column

存現文のニュアンスについて

以下の文は日本語に訳すならば、どちらも「お客さんが来た」という意味になります。

クァロェン ライ ルァ
Kèren lái le.

ライ クァロェン ルァ
Lái kèren le.

A：客人来了。　　B：来客人了。

ただし、AとBの間には大きなニュアンスの違いがあります。

中国語の主語は一般に「特定できる人や事物」を指します。Aにおける"客人"は「特定できるお客さん」を表し、来ることがわかっていた（予約、アポイントを取っていた）お客さんが来たというイメージです。

一方、Bは存現文の特徴から、動詞の後に置く"客人"は「特定できない不特定のお客さん」を表し、「不意の客、見知らぬ客」というニュアンスを含んでいます。

練習

1 （　）内からふさわしいものをひとつ選び、○で囲みましょう。

❶ 壁に地図が1枚貼ってあります。　墙上贴（ 着　了 ）一张地图。

❷ 2人去りました。　走（ 着　了 ）两个人。

❸ 前から車が1台やってきました。　前边开（ 过来　过去 ）一辆车。

❹ 風が吹き出しました。　（ 下　刮 ）风了。

2 日本語の意味に合うように（　）内の語句を正しく並べかえましょう。

❶ 教室の中に先生が1人座っています。
（ 教室　一　老师　位　里　坐　着　。 ）

_____

❷ （知らぬ）人が1人やってきました。
（ 人　一　个　来　了。 ）

_____

❸ 雷が鳴っています。
（ 雷　着　打　呢。 ）

_____

❹ 椅子の上にたくさんの手紙が置いてあります。
（ 上　很　椅子　着　多　放　信　。 ）

_____

《 解答 》

1 ❶ 墙上贴（着）一张地图。 動作の結果が持続しています。　❷ 走（了）两个人。
❸ 前边开（过来）一辆车。 「やってくる」なので"过来"です。　❹（刮）风了。

2 ❶ 教室里坐着一位老师。 存在を表す存現文の基本の語順です。"位"は量詞。「丁寧な人数の単位、〜名」です。
❷ 来了一个人。 「1人」は不特定。"一个人来了。"とすると「（事前に来ることがわかっている人のうち、その中の）1人が来た」と限定されたニュアンスになります。
❸ 打着雷呢。　❹ 椅子上放着很多信。 存在を表す存現文の語順です。

第**6**課

🎤54

～は○○を…します
"把" 構文

　　"把"構文は前置詞"把"を使って目的語を動詞の前に置き、その目的語にどういう処置が加えられるのかを強調する文です。語順は「主語＋"把"＋目的語＋動詞＋【付加成分】」で、「～は○○を…します」という意味になります。述語となる動詞には、必ず"了"や補語などの付加成分を加えます。

"把" 構文①

ウオ	バァ	ホゥヂャオ	ディウ	ルァ	
Wǒ	bǎ	hùzhào	diū	le.	私はパスポートを
我	把	护照	丢	了。	失くしました。
私	～を	パスポート	失くす	～した	

"把"で前置する目的語は処置を加える対象であり「特定できる人・事物」となります。ここでは「私自身」のパスポートというように特定できます。

目的語を前に入れて、ニュアンスを強調するんだ。

【 例文 】

私は今日の宿題を書き終えました。

ウオ	バァ	ジンティエン	ドァ	ヅゥオイエ	シエワン	ルァ
Wǒ	bǎ	jīntiān	de	zuòyè	xiěwán	le.
我	把	今天	的	作业	写完	了。
私	～を	今日	の	宿題	書く 終わる	～した

リモコンを持ってきてください。

ニィ	バァ	ヤオコォンチィ	ナァ グゥオ ライ
Nǐ	bǎ	yáokòngqì	náguòlai.
你	把	遥控器	拿过来。
あなた	～を	リモコン	持つ すぎる 来る

180

　"把"構文の否定形は、"把"の前に"没"（～していない、しなかった）などを置きます。また、助動詞なども"把"の前に置きます。

"把"構文②（否定形・助動詞との組み合わせ）

アルヅ　メイ　バァ　ワンジュイ　ショウシハオ
Érzi　méi　bǎ　wánjù　shōushihǎo.

儿子　没　把　玩具　收拾好。

息子　～していない　～を　おもちゃ　片づける　ちゃんと

息子はおもちゃを片づけていません。

　例文は「主語＋"没"＋"把"＋目的語＋動詞＋【付加成分】」の語順で、対象となる目的語に「ちゃんと片づけた」という処置が加えられていません。

　"把"の前に否定の副詞や助動詞を置くんだよ。

【 例文 】

私はまだ話し終わっていません。

ウォ　ハイ　メイ　バァ　ホア　シュオワン
Wǒ　hái　méi　bǎ　huà　shuōwán.

我　还　没　把　话　说完。

私　まだ　～していない　～を　話す　終わる

私はプレゼントを家に持ち帰りたいです。

ウォ　シアン　バァ　リィウ　ダイホイ　ジア　チュイ
Wǒ　xiǎng　bǎ　lǐwù　dàihuí　jiā　qu.

我　想　把　礼物　带回　家　去。

私　～したい　～を　プレゼント　持つ　帰る　家　行く

　否定形は"把"の前に"没"を置き、目的語に対する「処置や結果」を否定することが多いのですが、助動詞との組み合わせでは"不"が使われます。

そのことは（そのことを）彼に伝えないでください。

ニィ　ブゥヤオ　バァ　ナァ　ジエン　シー　ガオス　タァ
Nǐ　búyào　bǎ　nà　jiàn　shì　gàosu　tā.

你　不要　把　那　件　事　告诉　他。

あなた　～しないで　～を　その　～件　こと　伝える　彼

「主語+動詞+目的語」型の動詞述語文と"把"構文の違い

以下のA・Bはどちらも日本語では「私は本を読みました」という意味です。

例
【A】
ウオ カン シュウ ルァ
Wǒ kàn shū le.

我 看 书 了。
私 読む 本 ～した

【B】
ウオ バァ シュウ カン ルァ
Wǒ bǎ shū kàn le.

我 把 书 看 了。
私 ～を 本 読む ～した

では、どういう違いがあるのでしょうか。

【A】の文は"看书"「本を読む」という動作・行為が実現したことを単に客観的事実として述べています。

ところが【B】の文は"把"構文の特徴を反映したニュアンスが含まれます。

①前置した目的語"书"は特定できるもので、話し手と聞き手が「昨日借りてきた【あの本】、さっき買った【その本】」など、既に知っている情報に限定されます（【A】の場合は特定しない、いわゆる一般的な本）。

②対象となる目的語"书"をどう処置したのかも強調されます。ここでは述語動詞の後ろの付加成分"了"「…した」という部分がポイントです。

①「特定できる目的語」や②「どう処置したか」という"把"構文のポイントにより、中国語のネイティブスピーカーは文全体の強調を感じたり、主語が積極的にその行為に取り組んだなどの背景や状況も想像できたりします。

これまで例示した以外に"把"構文で使う主な「付加成分」

「主語+"把"+目的語+動詞+【付加成分】」

①動詞の重ね型

手をちょっと洗いなさい。

ニィ バァ ショウ シィシ
Nǐ bǎ shǒu xǐxi.

你把手洗洗。

②"着"（持続を表す助詞）

コップを持っていてください。

ニィ バァ ベイヅ ナァヂョア
Nǐ bǎ bēizi názhe.

你把杯子拿着。

③前置詞（結果補語）

私は荷物をここに置きます。

ウオ バァ シィンリ ファアンヅァイ ヂョアリ
Wǒ bǎ xíngli fàngzài zhèli.

我把行李放在这里。

練習

1 中国語の文が成立するように（ ）内の語句を正しく並べ替えましょう。

1 私はチケットを失くしました。
（ 我　票　把　了　丢　。 ）

_____

2 ノートを持って行ってください。
（ 把　你　过去　吧　拿　本子　。 ）

_____

3 私は靴をちょっと洗いたいです。
（ 我　洗　想　洗　鞋　把　。 ）

_____

4 私はその知らせを彼女に伝えていません。
（ 我　告诉　把　她　那个消息　没　。 ）

_____

2 次の中国語を"把"を使った文に書き直しましょう。

1 我写完报告了。　　　→　_____

2 他收拾好了他的行李。　→　_____

3 你带那本词典来吧。　→　_____

4 我给你乌龙茶。　　　→　_____

....

《 解答 》

1 **1** 我把票丢了。　　**2** 你把本子拿过去吧。　　**3** 我想把鞋洗洗。
　4 我没把那个消息告诉她。「主語＋"把"＋目的語＋動詞＋付加成分」の語順を定着させ
　　ましょう。**3**、**4**助動詞や否定の"没"は"把"の前に置きます。

2 **1** 我把报告写完了。「私はレポートを書き終えました」
　2 他把他的行李收拾好了。「彼は彼の荷物をちゃんと片づけました」
　3 你把那本词典带来吧。「あの辞書を持ってきてください」
　4 我把乌龙茶给你。「私はウーロン茶をあなたにあげます」
　　"把"構文は「特定できる目的語」、「処置（付加成分）」などの表現がポイントになり
　　ます。

🎤55

～は○○に…させます
使役文

　「～させる、してもらう」という意味（使役）を表す動詞"叫"、"让"、"请"などを使い、「主語＋動詞＋人（受け手）＋動詞フレーズ」で「～は○○に…させます」という意味になります。「人（受け手）」は1つめの動詞の目的語であり、後ろの動詞フレーズの主語も兼ねる構造になっています。

使役文① （"叫"、"让"）

ラオシー	ジアオ	シュエション	ヅゥオ	ヅゥオイエ
Lǎoshī	jiào	xuésheng	zuò	zuòyè.
老师	叫	学生	做	作业。
先生	～させる	学生	する	宿題

先生は
学生に宿題を
やらせます。

"叫"は命令の意味が強い「…させる」で、"让"は相手を尊重した「…させてあげる」というニュアンスを含みます。

主語が受け手に動作をさせるときに使うんだ。

【 例文 】

彼は彼の娘をアメリカ旅行に行かせてあげます。

タァ	ロァアン	タァ ニュイアル	チュイ	メイグゥオ	リュイヨウ
Tā	ràng	tā nǚ'ér	qù	Měiguó	lǚyóu.
他	让	他女儿	去	美国	旅游。
彼	～させる	彼娘	行く	アメリカ	旅行する

私にちょっと見せてください。

ロァアン	ウオ	カン	イィシア
Ràng	wǒ	kàn	yí xià.
让	我	看	一下。
～させる	私	見る	ちょっと

"请"は「人（受け手）に…してもらう、…していただく」というように相手にお願いするときに使います。また、特に「人（受け手）に…おごる、ごちそうする」という意味でもよく使われます。

使役文②（"请"）

ウオ チィン タァ バァンマァン
Wǒ qǐng tā bāngmáng.

我 请 他 帮忙。

私 〜してもらう 彼 手伝う

私は彼に手伝ってもらいます。

「主語＋"请"＋人（依頼先）＋動詞フレーズ」の語順で、「人」に動作・行為をお願いするときの表現です。主語が"我"の場合、主語を省くこともよくあります。

相手にお願いするときに使える表現だよ。

【 例文 】

私は李くんに家に来てもらいます。

ウオ チィン シアオリィ ライ ウオジア
Wǒ qǐng Xiǎo-Lǐ lái wǒ jiā.

我 请 小李 来 我家。

私 〜してもらう 李くん 来る 私家

彼は私にごちそうしてくれます。

タァ チィン ウオ チー ファン
Tā qǐng wǒ chī fàn.

他 请 我 吃 饭。

彼 おごる 私 食べる ご飯

また、"请"は丁寧な表現として、動詞の前に置き、「"请"＋動詞フレーズ」で「どうぞ…してください」という意味で使うことも多いです。

どうぞお座りください。

チィン ヅゥオ
Qǐng zuò.

请 坐。

どうぞ…してください 座る

お茶をどうぞ。

チィン ホァ チァア
Qǐng hē chá.

请 喝 茶。

どうぞ…してください 飲む お茶

185

使役文の否定形

否定形は使役を表す動詞の前に"不"か"没"を置き、「…させない」や「…させていない、させなかった」という意味になります。

例 彼は子どもを遊びに行かせません。

タァ　ブゥロァアン　ハイヅ　チュイ　ワァール
Tā　bú ràng　háizi　qù　wánr.

他　不　让　孩子　去　玩儿。
彼　〜しない　〜させる　子ども　行く　遊ぶ

兼語を含む文と連動文

使役を表す動詞の文は兼語を含みます。兼語とは1つめの動詞の目的語であり、2つめの動詞の主語でもある「人（受け手）」のことです。ここで1文に2つの動詞を含む連動文（⇒Step 3第2課、P.74）との違いを説明します。

A（連動文）　私は店に買い物に行きます。

ウオ　チュイ　シャアンディエン　マイ　ドォンシ
Wǒ　qù　shāngdiàn　mǎi　dōngxi.

我　去　商店　买　东西。
私　行く　店　買う　もの

この文は主語「私」が、1つめの動詞"去"「行く」と2つめの動詞"买"「買う」それぞれの動作の主体となっています。

B（兼語を含む文）　私は彼に店に買い物に行かせます。

ウオ　ジアオ　タァ　チュイ　シャアンディエン　マイ　ドォンシ
Wǒ　jiào　tā　qù　shāngdiàn　mǎi　dōngxi.

我　叫　他　去　商店　买　东西。
私　〜させる　彼　行く　店　買う　もの

この文全体の主語である「私」が動作の主体となるのは"叫"「させる」のみです。その対象である「彼」は"叫"の目的語です。"叫"の後ろにある"去"、"买"という動作は「彼」が主体です。

①動作の受け手"他"が1つめの動詞"叫"の目的語であり、
②2つめ、3つめの動詞"去"、"买"の主語である兼語になっています。

練習

1 中国語の文が成立するように（　）内の語句を正しく並べ替えましょう。

1 私は彼に料理をつくらせます。
（ 我　他　菜　做　叫　。）
_____

2 ちょっと見せてください。
（ 我　吧　让　看　看　。）
_____

3 私は彼にランチをごちそうします。
（ 我　吃　请　他　午饭　。）
_____

4 兄は弟にゲームをさせてあげません。
（ 弟弟　让　哥哥　不　玩儿　游戏　。）
_____

2 中国語の質問に（　）内の語句を使って答えましょう。

1 你叫谁帮忙？　（朋友）　　→　_____

2 你叫他去买什么？　（面包）　→　_____

3 谁请你喝咖啡？　（老师）　　→　_____

《 解答 》

1 **1** 我叫他做菜。　　**2** 让我看看吧。　"让我～吧"で「私に～させてください」となります。
　 3 我请他吃午饭。　"请"は「おごる、ごちそうする」です。
　 4 哥哥不让弟弟玩儿游戏。　否定の"不"は使役動詞の前に置きます。

2 **1** 質問：你叫谁帮忙？「あなたは誰に手伝ってもらいますか？」
　 　→ 我叫朋友帮忙。「私は友人に手伝ってもらいます」
　 2 質問：你叫他去买什么？「あなたは彼に何を買いに行かせますか？」
　 　→ 我叫他去买面包。「私は彼にパンを買いに行かせます」
　 3 質問：谁请你喝咖啡？「誰があなたにコーヒーをおごってくれるのですか？」
　 　→ 老师请我喝咖啡。「先生がコーヒーをおごってくれます」
　 　この"请"は「おごる、ごちそうする」です。

🎤 56

〜は○○に…されます
受身文

　前置詞“被ベイ”の後ろに実際に動作を行う主体である人などの実行者を置いて、「主語＋“被ベイ”＋人など＋動詞＋付加成分」の語順で「〜は人に…されます」という意味になります。述語となる動詞は付加成分を伴い、よく“了ルァ”や補語などがつきます。

受身文①（肯定形）

ウオ	ドァ	ダンガオ	ベイ	タァ	チー	ルァ
Wǒ	de	dàngāo	bèi	tā	chī	le.
我	的	蛋糕	被	他	吃	了。
私	の	ケーキ	〜される	彼	食べる	〜した

私のケーキが彼に食べられました。

主語が動作の「受け手」となり、人などによって「…された」という意味になります。「被る」というマイナスの意味で使われることが多いです。

単なる受身表現でもよく使うよ。

【 例文 】

自転車は母さんに乗っていかれました。

ツーシィンチョア	ベイ	マァーマ	チィ ヅォウ	ルァ
Zìxíngchē	bèi	māma	qízǒu	le.
自行车	被	妈妈	骑走	了。
自転車	〜される	母	乗る 行く	〜した

否定形は前置詞"被"の前に"不"か"没"を置き、「…されない」や「…されていない、されなかった」という意味を表します。

受身文②（否定形）

ウオ	メイ	ベイ	ラオシー	ピィピィン グゥオ
Wǒ	méi	bèi	lǎoshī	pīpíngguo.
我	**没**	**被**	**老师**	**批评过。**
私	〜していない	〜される	先生	叱る 〜ことがある

私は先生に怒られた
ことがありません。

動作の実行者に関する語順は
「"不被"＋人など」「"没被"＋人など」となり、「…されない」「…されなかった」という意味になります。

「されない、されていない」
という受身の否定表現だよ。

【 例文 】

あの本はまだ人に借りられていません。

ナァ	ベン	シュウ	ハイ	メイ	ベイ	ロェン	ジエヅォウ
Nà	běn	shū	hái	méi	bèi	rén	jièzǒu.
那	**本**	**书**	**还**	**没**	**被**	**人**	**借走。**
あの	〜冊	本	まだ	〜しない	〜される	人	借りる 行く

　主語となる受け手が誰にその動作をされたか特定できない場合は、"被"の後ろに置く「人などの実行者」を省略することがあります。

カバンが盗られました。

シュウバオ	ベイ	トゥヅォウ	ルァ
Shūbāo	bèi	tōuzǒu	le.
书包	**被**	**偷走**	**了。**
カバン	〜される	盗む 行く	〜した

その他、受身文を使った表現

①受身文では前置詞"被"のほか、より口語的な表現として前置詞"让"や前置詞"叫"もよく使われます。この場合、動作の主体である人など（実行者）を省略することはできません。

例 私のイヤホンは彼に壊されました。

<ruby>我<rt>ウォ</rt></ruby> <ruby>的<rt>ドァ</rt></ruby> <ruby>耳机<rt>アルジィ</rt></ruby> <ruby>叫<rt>ジアオ</rt></ruby> <ruby>他<rt>タァ</rt></ruby> <ruby>弄坏<rt>ノンホワイ</rt></ruby> <ruby>了<rt>ルァ</rt></ruby>。
Wǒ de ěrjī jiào tā nònghuài le.
私 の イヤホン 〜される 彼 いじる 壊す 〜した

②受身文がもつマイナスイメージを含まない例も多くあります。

例 彼は日本の会社に採用されました。

<ruby>他<rt>タァ</rt></ruby> <ruby>被<rt>ベイ</rt></ruby> <ruby>日本<rt>リーベン</rt></ruby> <ruby>公司<rt>ゴンスー</rt></ruby> <ruby>录用<rt>ルゥヨン</rt></ruby> <ruby>了<rt>ルァ</rt></ruby>。
Tā bèi Rìběn gōngsī lùyòng le.
彼 〜される 日本 会社 採用する 〜した

使役の表現
（⇒Step 4 第7課、
P.184）に使う動詞
"让""叫"とは違うよ。
ここでは主語が受け手に
なるので注意してね。

③"被"などの前置詞を使わず、受身になることがあります。「主語（受け手）＋動詞＋付加成分」の語順で「〜は…される」という意味になります。

例 その問題は解決されました。

<ruby>那个<rt>ネイグァ</rt></ruby> <ruby>问题<rt>ウェンティ</rt></ruby> <ruby>解决<rt>ジエジュエ</rt></ruby> <ruby>了<rt>ルァ</rt></ruby>。
Nèige wèití jiějué le.
その 問題 解決する 〜した

主語の「その問題」が
主体的に解決したのでは
ないよね！
「その問題」は受け手として
「された」んだ。

練習

1 中国語の文が成立するように（　）内の語句を正しく並べ替えましょう。

① 私は彼に叩かれました。
（被　他　打　了　我　。）
_____

② 私の辞書が持っていかれました。
（拿　了　人　走　被　词典　我的　。）
_____

③ 腕時計が子どもに壊されました。
（弄坏　手表　被　孩子　了　。）
_____

2 中国語の質問に（　）内の語句を使って答えましょう。

① 你被老师批评过吗？（没）　→ _____

② 你的车被谁开走了？（爸爸）　→ _____

③ 谁的词典被拿走了？（小张）　→ _____

④ 手机弄坏了吗？（没）　→ _____

《 解 答 》

1　**①** 我被他打了。　**②** 我的词典被人拿走了。　**③** 手表被孩子弄坏了。
　　①②③は「主語＋"被"＋人＋動詞＋付加成分」の語順です。

2　**①** 質問：你被老师批评过吗？「あなたは先生に怒られたことがありますか？」
　　　→ 我没被老师批评过。「私は先生に怒られたことがありません」
　　"没"は前置詞の前に置きます。
　　② 質問：你的车被谁开走了？「あなたの車は誰に乗っていかれたのですか？」
　　　→ 我的车被爸爸开走了。「私の車は父に乗っていかれました」
　　③ 質問：谁的词典被拿走了？「誰の辞書が持っていかれたのですか？」
　　　→ 小张的词典被拿走了。「張さんの辞書が持っていかれました」
　　実行者が特定できないときは、"被"と動詞の間に置く人を省略します。
　　④ 質問：手机弄坏了吗？「携帯電話が壊されたのですか？」
　　　→ 手机没弄坏。「携帯電話は壊されていません」　意味上の受身文です。

191

🎤 57

～は…なので、○○します
複文の表現

IIIIIIIIIIIIIIIIIIIIIIIIIIIIIIIIIIIIIIIIIIIIIIIIIIIIIIIIIIIIIIIIIIIIIIIIIIIIIIIIIIIIIIIIIIIIIIIIIII

中国語の単文（一つの文の中に１組の主語、述語が含まれる文）をつなげて、２文（あるいは２文以上）の複文をつくれると、表現の幅が広がります。ここでは代表的な中国語の接続詞などを使った複文の表現を学びます。

複文① （因果関係）

インウェイ	タァ	ヨウ	シー	スゥオイィ	ブゥ	ライ	ルァ
Yīnwèi	tā	yǒu	shì,	suǒyǐ	bù	lái	le.
因为	**他**	**有**	**事，**	**所以**	**不**	**来**	**了。**
なぜなら	彼	ある	用事	したがって	～しない	来る	～なった

**彼は用事があるので、
来ません。**

"因为A，所以B" は前のA文で原因や
理由に触れ、後ろのB文でその結果を
述べます。"因为A，B" や "A，所以B"
のようにどちらか一方でも使えます。

なぜなら……、
したがって……

原因と理由を述べる言い方だよ。

【 例文 】

私は中国に行きたいので、中国語を勉強します。

ウオ	シアン	チュィ	ヂョングゥオ	スゥオイィ	シュエシィ	ハンユィ
Wǒ	xiǎng	qù	Zhōngguó,	suǒyǐ	xuéxí	Hànyǔ.
我	**想**	**去**	**中国，**	**所以**	**学习**	**汉语。**
私	～したい	行く	中国	したがって	勉強する	中国語

複文②（逆接）

スゥイロァン	タァ	シー	リーベンロェン	ダンシー	ハンユィ	シュオドァ	ヘン	リゥリィ
Suīrán	tā	shì	Rìběnrén,	dànshì	Hànyǔ	shuōde	hěn	liúlì.
虽然	他	是	日本人，	但是	汉语	说得	很	流利。
～だが	彼	である	日本人	しかし	中国語	話す	～するのが	(とても)流ちょうだ

彼は日本人ですが、中国語を
話すのが流ちょうです。

"虽然A，但是B" は、前後
の文の内容と事柄が相反す
ることを述べる表現です。

·····だが、
しかし·····

"虽然" は①A文の冒頭、②A文の主
語の後ろの、どちらにも置けるよ。

【 例文 】

彼女は若いですが、豊富な仕事の経験があります。

タァ	スゥイロァン	ニエンチン	ダンシー	ヨウ	フォンフゥ	ドァ	ゴォンゾゥオジィンイエン
Tā	suīrán	niánqīng,	dànshì	yǒu	fēngfù	de	gōngzuò jīngyàn.
她	虽然	年轻，	但是	有	丰富	的	工作经验。
彼女	～だが	若い	しかし	ある	豊富である	の	仕事経験

天気はよいですが、暑すぎます。

ティエンチィ	ヘン	ハオ	ダンシー	タイ	ロァ	ルァ
Tiānqì	hěn	hǎo,	dànshì	tài	rè	le!
天气	很	好，	但是	太	热	了!
天気	(とても)	よい	しかし	かなり	暑い	～だ

"但是" は
口語ではよく
"但" と言うよ。

逆接を表す"但是（ダンシー）"、"可是（クァシー）"、"不过（ブゥグゥオ）"

"可是（クァシー）"は"但是（ダンシー）"より口語的で、"但是（ダンシー）"よりソフトなニュアンスです。

例 私はカレーが好きですが、つくれません。

ウオ	シィホワン	チー	ガァリィファン	クァシー	ブゥ	ホゥイ	ヅゥオ
Wǒ	xǐhuan	chī	gālífàn,	kěshì	bú	huì	zuò.
我	喜欢	吃	咖喱饭,	可是	不	会	做。
私	好きだ	食べる	カレーライス	しかし	〜ではない	〜できる	つくる

"不过（ブゥグゥオ）"は、"但是（ダンシー）"や"可是（クァシー）"よりさらに口語的な表現。「でも、だけど」のように軽く前の文と相反する内容を提示する際に合うソフトな言い方です。

例 私は探したけど、見つかりませんでした。

ウオ	ヂャオ	ルァ	ブゥグゥオ	メイ	ヂャオダオ
Wǒ	zhǎo	le,	búguò	méi	zhǎodào.
我	找	了,	不过	没	找到。
私	探す	〜した	でも	〜していない	探す 至る

その他の複文の表現

①"要是（ヤオシ）／如果（ロゥグゥオ）＋Ａ＋（的话（ドァホア）），就（ジウ）＋Ｂ"「もしＡならば、Ｂ」

「もしＡならば、Ｂ」という仮定の表現です。"要是（ヤオシ）"は"如果（ロゥグゥオ）"に置き換えられますが、"要是（ヤオシ）"のほうが口語的です。Ａ文の後の"的话（ドァホア）"は省略できます。また後半のＢ文に主語がある場合、その主語は"就（ジウ）"の前に置きます。

例 もしあなたが欲しいならば、あなたにあげます。

ヤオシ	ニィ	ヤオ	ドァ ホア	ウオ	ジウ	ゲイ	ニィ
Yàoshi	nǐ	yào	de huà,	wǒ	jiù	gěi	nǐ.
要是	你	要	的话,	我	就	给	你。
もし	あなた	いる	ならば	私	すぐ	あげる	あなた

もし明日雨が降るなら、私は登山に行かないことにします。

ロゥグゥオ	ミィンティエン	シア	ユィ	ウオ	ジウ	ブゥ	チュイ	パァシャン	ルァ
Rúguǒ	míngtiān	xià	yǔ,	wǒ	jiù	bú	qù	páshān	le.
如果	明天	下	雨,	我	就	不	去	爬山	了。
もし	明日	降る	雨	私	すぐ	〜しない	行く	登山する	〜なった

②"只要＋A，就＋B"「AさえすればB」

「AさえすればB」という必要条件を表します。後半のB文に主語がある場合、その主語は"就"の前に置きます。

例 私は少し眠れば大丈夫です。

ウオ　ヂーヤオ　シュイ　イィホアール，　ジウ　シィン
Wǒ　zhǐyào　shuì　yíhuìr,　jiù　xíng.

我　只要　睡　一会儿，　就　行。

私　～さえすれば　寝る　少し　すぐ　よろしい

③"只有＋A，オ＋B"「Aしてこそ、はじめてB」

「Aしてこそ、はじめてB」という絶対条件を表します。後半のB文に主語がある場合、その主語は"オ"の前に置きます。

例 努力してこそ、はじめて成功できます。

ヂーヨウ　ヌゥリィ，　ツァイ ネゥン　チョンゴォン
Zhǐ yǒu　nǔlì,　cái néng　chénggōng.

只 有 努力，才 能 成功。

ただ ある　努力　はじめて　できる　成功

練習

1 日本語の意味に合うように（ ）内の語句を正しく並べかえましょう。

❶ 雪が降ったので、彼の家に行きませんでした。（ 因为　他　没　下　雪　所以　家　去　，　。 ）

❷ もし用があれば、私に電話してください。（ 如果　给　电话　有　事　打　就　我　，　。 ）

❸ 努力してこそ、はじめて進歩できます。（ オ　努力　进步　只有　能　，　。 ）

《 解答 》

1 ❶ 因为下雪，所以没去他家。 ❷ 如果有事，就给我打电话。 ❸ 只有努力，才能进步。

第1課～第9課　復習問題

1 （　）内からふさわしいものをひとつ選び、○で囲みましょう。

1. 母が帰ってきました。　　　　　　妈妈（回来　回去）了。
2. 私は彼に家に来させます。　　　　我（叫　把）他来我家。
3. 私のパンが弟に食べられました。　我的面包（把　被）弟弟吃了。

2 中国語の文が成立するように（　）内の語句を正しく並べ替えましょう。

1. 彼が教室に駆け込んできました。
他（来　跑　教室里　进）了。
2. 私は友人にコーヒーをごちそうします。
（我　咖啡　请　朋友　喝 。）
3. 今日は寒いけど、天気はよいです。
（好　天气　很　不过　很　冷　今天 ， 。）
4. あそこに学生が2人座っています。
（个　着　两　坐　那儿　学生 。）

3 （　）内の語句を使って作文しましょう。

1. 彼は字を書くのが上手ではありません。(不)

2. 妹は母に怒られたことがありません。(被)

3. あなたは聞いて理解できますか？（得）

4. 私は宿題を書き終わりました。(把)

5. 雪が降り出しました。(了)

《 解答 》

1　❶妈妈（回来）了。

「（帰って）きた」がポイントです（⇒Step 4第2課、P.164）。

❷我（叫）他来我家。

「させる」という使役の表現です（⇒Step 4第7課、P.184）。

❸我的面包（被）弟弟吃了。

「される」という受身の表現です（⇒Step 4第8課、P.188）。

2　❶他（跑进教室里来）了。

「場所」を表す目的語と複合方向補語の語順を確認しましょう（⇒Step 4第2課、P.166）。

❷我请朋友喝咖啡。

「主語＋"请"＋人＋動詞フレーズ」です（⇒Step 4第7課、P.185）。

❸今天很冷，不过天气很好。

前の文を受け逆接を表す"不过"で後ろの文とつなぎます（⇒Step 4第9課、P.194）。

❹那儿坐着两个学生。

存在を表す表現のとき、意味上の主語"两个学生"の位置は動詞の後ろに置きます。存現文の語順を確認しましょう（⇒Step 4第5課、P.176）。

3　❶他（写）字写得不好。

1つめの動詞は省略可能です。"得"の前は必ず動詞になります（⇒Step 4第3課、P.169）。

❷妹妹没被妈妈批评过。

受け手の妹が主語になります（⇒Step 4第8課、P.188）。

❸你听得懂吗？

あるいは「你听得懂听不懂？」という言い方もあります（⇒Step 4第4課、P.172）。

❹我把作业写完了。

目的語を前に置いて強調する"把"構文です（⇒Step 4第6課、P.180）。

❺下雪了。

自然現象も存現文の文型で表現します（⇒Step 4第5課、P.178）。

習うより慣れろ。何度もくり返して
中国語に慣れよう！

緊縮文
きんしゅくぶん

🎤58

Step 4第9課（P.192）では"因为A，所以B"「AなのでBだ」、"虽然A，
但是B"「AだがBだ」など接続詞を使い前後の文をつなぐ複文を紹介しま
したが、1つの文でも、その文の前後で条件や仮定などの意味を含む表現
があります。これを緊縮文と言います。

①"一～就…"「～するとすぐ…」

【 例文 】

見ればすぐわかります。

Yí kàn jiù míngbai.

一 看 就 明白。

彼は帰宅するとすぐに食事します。

Tā yì huí jiā jiù chī fàn.

他 一 回 家 就 吃 饭。

②"越～越…"「～するほど…」、"越来越…"「ますます…」

【 例文 】

考えれば考えるほど腹が立ちます。

Wǒ yuè xiǎng yuè qì!

我 越 想 越 气!

人がますます多くなりました。

Rén yuè lái yuè duō le.

人 越来越 多 了。

③"非～不可"「～しなければならない」 ※直訳は「～でないことはだめだ」。

【 例文 】

私は参加しなければなりません。

Wǒ fēi cānjiā bù kě.

我 非 参加 不可。

このことは解決しなければなりません。

Zhè jiàn shì fēi jiějué bù kě.

这 件 事 非 解决 不可。

④"不～不…"「～しないなら…しない」

【 例文 】

私は目的を達成するまで投げ出しません。

Wǒ bù dá mùdì bú bàxiū.

我 不 达 目的 不 罢休。

※直訳は「目的に到達しないならやめない」。

必ず会いましょう。

Bú jiàn bú sàn!

不 见 不 散!

※直訳は「会わないなら去らない」。

きほんの
フレーズ

59

名前の言い方、聞き方

交流をするうえで重要な表現です。ぜひ覚えてください。

//

●姓を名乗る

私の姓（苗字）は _____ といいます。

ウオ　シィン
Wǒ　xìng

我　姓　[姓]。

私　姓は〜である

●フルネームを名乗る

私は _____ といいます。

ウオ　ジアオ
Wǒ　jiào

我　叫　[姓 名]。

私　〜という

※"叫"の後には姓名の「名」だけやニックネームなども言える。

●姓をたずねる

あなたのお名前（姓、苗字）は?

ニン　　グゥイ　シィン
Nín　　guì　xìng?

您　貴　姓?

あなた様　貴い　姓

※丁寧なたずね方。

●フルネームをたずねる

あなたは何という名前（フルネーム）ですか?

ニィ　ジアオ　シェンマ　　ミィンヅ
Nǐ　jiào　shénme　míngzi?

你　叫　什么　名字?

あなた　〜という　どんな　名前

●"你"「あなた」、"他"「彼」、"她"「彼女」を主語にする場合

○○は何という名前（姓、苗字）ですか?

ニィ　　タァ　　タァ　　　　　　シィン　シェンマ
　　　　　　　　　　　　　　　　xìng　shénme?

"你"、"他"、"她"など　姓　什么?

あなた、彼、彼女など　姓は〜である　何

中国語で名乗れるようになろう!
名前は漢字を中国語読みするんだよ。

あなたのお名前（姓、苗字）は？

ニン　グゥイ　シィン
Nín guì xìng?

您 贵 姓？ →

私は黄といいます。黄徳俊です。

ウオ　シィン　ホアン　ジアオ　ホアン　ドァジュイン
Wǒ xìng Huáng jiào Huáng Déjùn.

我 姓 黄, 叫 黄 德俊。

彼女は何という名前（姓、苗字）ですか？

タァ　シィン　シェンマ
Tā xìng shénme?

她 姓 什么？ →

彼女は劉といいます。

タァ　シィン　リウ
Tā xìng Liú.

她 姓 刘。

彼は何という名前（フルネーム）ですか？

タァ　ジアオ　シェンマ　ミィンヅ
Tā jiào shénme míngzi?

他 叫 什么 名字？ →

彼は王凱源といいます。

タァ　ジアオ　ワァン　カイユエン
Tā jiào Wáng Kǎiyuán.

他 叫 王 凯源。

我叫九龙。
「私は九龍といいます」

●日本人の姓の中国語読み

佐藤	鈴木	高橋	田中
ヅゥオテゥン Zuǒténg 佐藤	リィンムゥ Língmù 铃木	ガオチアオ Gāoqiáo 高桥	ティエンヂォン Tiánzhōng 田中
伊藤	渡辺	山本	中村
イィテゥン Yīténg 伊藤	ドゥビエン Dùbiān 渡边	シャアンベン Shānběn 山本	ヂォンツン Zhōngcūn 中村
小林	加藤	吉田	山田
シアオリン Xiǎolín 小林	ジアテゥン Jiāténg 加藤	ジィティエン Jítián 吉田	シャアンティエン Shāntián 山田

数字の言い方

まずは基本となる「0〜10」を読めるようにしましょう。
あとは組み合わせのルールをおさえればOKです。

● 0〜10

0	1	2	3	4	5
リィン líng 零	イィ yī 一	アル èr 二	サン sān 三	スー sì 四	ウゥ wǔ 五

6	7	8	9	10
リウ liù 六	チー qī 七	バァ bā 八	ジウ jiǔ 九	シー shí 十

● 11〜100

11	12	20	21	99	100
シーイィ shíyī 十一	シーアル shí'èr 十二	アルシー èrshí 二十	アルシイィ èrshiyī 二十一	ジウシジウ jiǔshíjiǔ 九十九	イィバイ yìbǎi 一百

● 101〜1000

101	110	111	1000
イィバイリィンイィ yìbǎi líng yī 一百零一	イィバイイィシー（イィバイイィ） yìbǎi yīshí (yìbǎi yī) 一百一十（一百一）	イィバイイィシイィ yìbǎi yīshíyī 一百一十一	イィチエン yìqiān 一千

● 1001〜10000

1001	1010	1100	10000
イィチエンリィンイィ yìqiān líng yī 一千零一	イィチエンリィンイィシー yìqiān líng yīshí 一千零一十	イィチエンイィバイ（イィチエンイィ） yìqiān yībǎi (yìqiān yī) 一千一百（一千一）	イィワン yí wàn 一万

※「0」が2つ以上でも連続していれば"零"は1つでOK。

年齢をたずねる

年齢のたずね方は相手によって変えます。

///

●10歳未満の子どもにたずねる場合

きみはいくつですか?

ニィ ジィ スゥイ
Nǐ jǐ suì?

你 几 岁?

→

私は5歳です。

ウオ ウゥ スゥイ
Wǒ wǔ suì.

我 五 岁。

●年下や同年代の人にたずねる場合

あなたは何歳ですか?

ニィ ドゥオダァ
Nǐ duōdà?

你 多大?

→

私は30歳です。

ウオ サンシー スゥイ
Wǒ sānshí suì.

我 三十 岁。

●年長者、年輩の人にたずねる場合

お歳はおいくつになられますか?

ニン ドゥオダァ スゥイシュ
Nín duōdà suìshu?

您 多大 岁数?

→

私は56歳です。

ウオ ウゥシリゥ スゥイ
Wǒ wǔshiliù suì.

我 五十六 岁。

●高齢者にたずねる場合

おいくつでいらっしゃいますか?

ニン ガオショウ
Nín gāoshòu?

您 高寿?

→

私は81歳です。

ウオ バァシイィ スゥイ
Wǒ bāshiyī suì.

我 八十一 岁。

我三千岁。
「私は3000歳です」

お金

ショッピングなどに欠かせない表現です。ぜひマスターしましょう。

●中国の通貨単位

	元	1/10元	1/100元
口語	クワイ kuài 块	マオ máo 毛	フェン fēn 分
書き言葉	ユエン yuán 元	ジアオ jiǎo 角	

例 5.5元

口語
ウゥ クワイ ウゥ マオ
wǔ kuài wǔ máo
五 块 五 毛

書き言葉
ウゥ ユエン ウゥ ジアオ
wǔ yuán wǔ jiǎo
五 元 五 角

●値段をたずねる

いくらですか?
ドゥオシャオ チエン
Duōshao qián?
多少 钱？ ※価格を聞く場面で、広く使える。

→ 100元です。
イィバイ クワイ
Yìbǎi kuài.
一百 块。

いくらですか?（どのように売りますか?）
ヅェンマ マイ
Zěnme mài?
怎么卖？ ※量り売りなどの売り方をたずねる。

→ 1個8元です。
イィ グァ バァ クワイ
Yí ge bā kuài.
一 个 八 块。

●通貨名

人民元	日本円	米ドル
ロェンミンビィ rénmínbì 人民币	リーユエン rìyuán 日元	メイユエン měiyuán 美元

番号をたずねる

電話番号、部屋番号、座席番号など、身の回りの番号をたずねたり、確認したりすることは意外に多いものです。関連する単語も含めて紹介します。

●さまざまな番号、ナンバー

電話番号
ディエンホアハオマァ
diànhuà hàomǎ
电话号码

携帯電話の番号
ショウジィハオマァ
shǒujī hàomǎ
手机号码

部屋番号
ファアンジエンハオマァ
fángjiān hàomǎ
房间号码

パスポートナンバー
ホゥヂャオハオマァ
hùzhào hàomǎ
护照号码

パスワード
ミィマァ
mìmǎ
密码

座席番号
ヅゥオウェイハオ
zuòwèihào
座位号

郵便番号
ヨウビエン
yóubiān
邮编

車のナンバー
チョァパイハオ
chēpáihào
车牌号

フライトナンバー
ハァンバンハオ
hángbānhào
航班号

　上記の番号は、いずれも "【たずねたいもの】シードゥオシャオ是多少？" で番号をたずねることができます。なお羅列する数字を読み上げる際、"一イィ"yī と "七チー"qī が区別しやすいよう、特に「1」を "ヤオyāo" と読むことがあります。

あなたの携帯番号は何番ですか？
ニィ ドァ ショウジィ ハオマァ シー ドゥオシャオ
Nǐ de shǒujī hàomǎ shì duōshao?
你 的 手机号码 是 多少?

私の携帯番号は090-××××-××××です。
ウオ ドァ ショウジィ ハオマァ シー リィンジウウリィン
Wǒ de shǒujī hàomǎ shì língjiǔlíng
→ 我 的 手机号码 是 090-××××-××××。

年月日・曜日・時刻

時間に関連する表現です。たずね方もあわせて確認してください。

//

●年月日

・西暦

何年ですか？
ナァイィニエン
Nǎ yì nián?

哪一年？

※直訳は「どの年ですか？」。

2千何年ですか？
アル リィン ジィジィ ニエン
Èr líng jǐ jǐ nián?

二〇几几年？

※西暦の下2桁を聞いている。

2022年です。
アルリィン アルアル ニエン
Èr líng èr èr nián

→

二〇二二年。

※数字は1文字ずつ読む。

・西暦

何月何日ですか？
ジィ ユエ ジィ ハオ
Jǐ yuè jǐ hào?

几月几号？

→

10月10日です。
シー　ユエ　シー　ハオ
Shí　yuè　shí　hào

十 月 十 号。

●曜日

何曜日ですか？
シィンチィジィ
Xīngqī jǐ?

星期 几？

→

月曜日です。
シィンチィイィ
Xīngqīyī.

星期一。

●曜日の言い方

月曜日	火曜日	水曜日	木曜日	金曜日	土曜日	日曜日
シィンチィイィ xīngqīyī **星期一**	シィンチィアル xīngqī'èr **星期二**	シィンチィサン xīngqīsān **星期三**	シィンチィスー xīngqīsì **星期四**	シィンチィウゥ xīngqīwǔ **星期五**	シィンチィリウ xīngqīliù **星期六**	シィンチィティエン xīngqītiān **星期天**
						シィンチィリー xīngqīrì **星期日**

●時刻

何時ですか?

<ruby>ジィ<rt></rt></ruby> <ruby>ディエン<rt></rt></ruby>
Jǐ diǎn?

几 点?

→

2時です。

<ruby>リアン<rt></rt></ruby> <ruby>ディエン<rt></rt></ruby>
Liǎng diǎn.

两 点。

※「～時」の「2」は"二"ではなく、"两"になる。

3時3分

<ruby>サン<rt></rt></ruby> <ruby>ディエン<rt></rt></ruby> <ruby>リィン<rt></rt></ruby> <ruby>サン<rt></rt></ruby> <ruby>フェン<rt></rt></ruby>
sān diǎn líng sān fēn

三 点 零 三 分

※1桁の「分」は数字の前に"零"をつけることが多い。

5時半

<ruby>ウゥ<rt></rt></ruby> <ruby>ディエン<rt></rt></ruby> <ruby>バン<rt></rt></ruby>
wǔ diǎn bàn

五 点 半

※"三十分"とも言える。

7時5分前(6時55分)

<ruby>チャア<rt></rt></ruby> <ruby>ウゥ<rt></rt></ruby> <ruby>フェン<rt></rt></ruby> <ruby>チィ<rt></rt></ruby> <ruby>ディエン<rt></rt></ruby>
chà wǔ fēn qī diǎn

差 五 分 七 点

※"差"は「足りない」の意味。

10時2分すぎ(10時2分)

<ruby>シー<rt></rt></ruby> <ruby>ディエン<rt></rt></ruby> <ruby>グゥオ<rt></rt></ruby> <ruby>リアン<rt></rt></ruby> <ruby>フェン<rt></rt></ruby>
shí diǎn guò liǎng fēn

十 点 过 两 分

※"过"は「過ぎる」、"两分"は時間量「2分間」の意味。

4時15分

<ruby>スー<rt></rt></ruby> <ruby>ディエン<rt></rt></ruby> <ruby>イィクァ<rt></rt></ruby>
sì diǎn yí kè

四 点 一刻

※"一刻"は「15分」の意味。"十五分"とも言える。

6時45分

<ruby>リゥ<rt></rt></ruby> <ruby>ディエン<rt></rt></ruby> <ruby>サンクァ<rt></rt></ruby>
liù diǎn sānkè

六 点 三刻

※"三刻"は「45分」の意味。"四十五分"とも言える。

9時ちょうど

<ruby>ジウ<rt></rt></ruby> <ruby>ディエン<rt></rt></ruby> <ruby>ヂョン<rt></rt></ruby>
jiǔ diǎn zhěng

九 点 整

2時2分

<ruby>リアン<rt></rt></ruby> <ruby>ディエン<rt></rt></ruby> <ruby>リィン<rt></rt></ruby> <ruby>アル<rt></rt></ruby> <ruby>フェン<rt></rt></ruby>
liǎng diǎn líng èr fēn

两 点 零 二 分

※時点を示す「2分」は"(零)二分"になる。

「5時半」「7時5分前」「9時ちょうど」
など、いろんな言い方があるんだ。

●著者
南雲大悟（なぐも　だいご）
千葉大学大学院人文社会科学研究科博士後期課程単位取得満期退学。NHKラジオ「まいにち中国語」（2019年4月～9月）講師。現在、立教大学准教授。著書に『CD付きオールカラー　基礎からレッスン　はじめての中国語』（ナツメ社）、『ひとりでもどんどん学べる　はじめての中国語』（アスク出版）などがある。

●中国語校正　　　韓　香美
●デザイン　　　　伊藤　悠
●イラスト　　　　堀川直子
●録　　音　　　　一般財団法人 英語教育協議会（ELEC）
●ナレーター　　　李　洵、水月優希
●本文DTP　　　　株式会社ロガータ
●編集協力　　　　株式会社キャデック
●編集担当　　　　梅津愛美（ナツメ出版企画株式会社）

本書に関するお問い合わせは、書名・発行日・該当ページを明記の上、下記のいずれかの方法にてお送りください。電話でのお問い合わせはお受けしておりません。
・ナツメ社 web サイトの問い合わせフォーム　https://www.natsume.co.jp/contact
・FAX（03-3291-1305）
・郵送（下記、ナツメ出版企画株式会社宛て）
なお、回答までに日にちをいただく場合があります。正誤のお問い合わせ以外の書籍内容に関する解説・個別の相談は行っておりません。あらかじめご了承ください。

ナツメ社Webサイト
https://www.natsume.co.jp
書籍の最新情報（正誤情報を含む）は
ナツメ社Webサイトをご覧ください。

オールカラー
基礎から学べる
はじめての中国語文法

2021年11月1日　初版発行
2024年6月20日　第4刷発行

著　者　南雲大悟　　　　　　　　　　　　©Nagumo Daigo, 2021
発行者　田村正隆
発行所　株式会社ナツメ社
　　　　東京都千代田区神田神保町 1-52　ナツメ社ビル 1F（〒101-0051）
　　　　電話　03（3291）1257（代表）　　FAX　03（3291）5761
　　　　振替　00130-1-58661
制　作　ナツメ出版企画株式会社
　　　　東京都千代田区神田神保町 1-52　ナツメ社ビル 3F（〒101-0051）
　　　　電話　03（3295）3921（代表）
印刷所　広研印刷株式会社

ISBN978-4-8163-7088-5　　　　　　　　　　　　　　　Printed in Japan
〈定価はカバーに表示してあります〉〈落丁・乱丁本はお取り替えします〉
※本書の一部または全部を著作権法で定められている範囲を超え、ナツメ出版企画株式会社に無断で
　複写、複製、転載、データファイル化することを禁じます。